DIBUJA tu FE

ENTIENDE, RETÉN Y VIVE LA PALABRA DE DIOS VISUALMENTE... AUNQUE NO SEPAS DIBUJAR

DANII MARIN

PATMOS

Dibuja tu fe: Entiende, retén y vive la palabra de Dios visualmente, aunque no sepas dibujar

Publicado por Editorial Patmos,
Miami, FL 33166

Edición: Grupo Scribere
Diseño: Adrián Romano
Foto de portada: Elysanta Photography | www.elysanta.com

ISBN: 978-1-58802-946-1

CONTENIDO

PRÓLOGO

Desde que tengo memoria, las palabras «debes leer tu Biblia» me han perseguido toda mi vida. Me crie en un hogar cristiano, asistí a la iglesia desde recién nacida y me sabía todas las historias de los grandes héroes de la Biblia.

Sin embargo, mientras crecía en edad y madurez, comencé a darme cuenta de que conocer «de Dios» y conocer «a Dios» son dos cosas distintas. Yo conocía de Dios a través de la manera en que fui criada, lo cual agradezco grandemente al Señor y a mis padres.

Pero llegó un momento en mi vida donde noté que yo no había experimentado la belleza y el deleite de dejar que Dios mismo me revelara quién es Él a través de Su Palabra. Al contrario, el único sentimiento que tenía respecto a la Biblia era uno de culpa y vergüenza. ¿Cómo era posible que yo, siendo cristiana, no fuera capaz de ser consistente en mi lectura bíblica?

Cuánto le agradezco a Dios que me guio hacia una nueva manera de conectarme íntimamente con Él y de conocerle como a un amigo a través de las ilustraciones bíblicas, un arte también conocido como *Bible Journaling*. Este arte despertó en mí una nueva motivación que por tantos años yo me forzaba a tener para poder leer mi Biblia a diario. Descubrí que, mientras más tiempo pasaba leyendo la Palabra, más me enamoraba de cómo Dios me hablaba directamente al corazón y a las situaciones que enfrentaba en ese momento. Su voz era clara, inconfundible y adictiva.

Aunque la ilustración bíblica fue el gancho que me atrajo hacia una nueva manera de meditar en la Palabra, fue la voz de Dios la que me hizo devota a leer Su Palabra y a afinar mi oído hacia Su dirección. El arte es solo un método, pero escuchar y conocer a Dios es el corazón detrás del arte.

Es por eso que me emociona mucho todo lo que aprenderás en este libro. Mientras más crece el movimiento de la ilustración bíblica, más personas pueden ser transformadas en su caminar espiritual, como sucedió conmigo.

Quizás has estado deseando un despertar en tu relación con Dios; quizás tienes un don creativo y quieres ponerlo al servicio del Señor o, tal vez, no sabes mucho de esta nueva manera de retener la Palabra de Dios en tu corazón, pero quieres conocer más de ella.

Cualquiera que sea tu razón, las siguientes páginas te enseñarán una nueva manera en la multiforme gracia de Dios en que puedes conectarte con Él. Y no hay mejor persona que Danii Marín para enseñarte tanto lo creativo como lo fundamental para estudiar la Palabra artísticamente.

Danii reconoce que el deseo de querer «dibujar algo bonito» puede reemplazar el tiempo de calidad y la profundidad que podemos tener en nuestro tiempo a solas con Dios. Es por eso que, a través de un estudio inductivo del trasfondo, el contexto y la interpretación de la Palabra, junto con dibujitos sencillos que todos podemos hacer, obtendrás destrezas claves para poder discernir, retener y aplicar a tu vida lo que Dios quiere decirnos.

Así que, prepara tu corazón para una aventura llena de dibujos, notas e ilustraciones, pero, sobre todo, iempapados de la presencia y la voz del Señor!

Pao Mencia
Fundadora de Ama Su Palabra
@amasupalabra

CAPÍTULO 1

LOS GARABATOS SON DE DIOS

Los garabatos y los dibujitos

SIEMPRE HAN SIDO PARTE ESENCIAL DE LA

experiencia humana

A pesar de que nací y me crie en la iglesia, recién a mis 30 años de edad me di cuenta de que tenía un problema… o al menos decidí aceptar que tenía un problema. Cada domingo, luego del devocional y las participaciones especiales, antes del llamado o de la presentación de un niño recién llegado a esta tierra, está el sermón. Definitivamente el sermón es una de las partes más importantes del servicio porque es el momento en el que nos toca aprender algo nuevo de Dios y descubrir hacia dónde quiere Él llevar nuestra vida. Sobra decir que prestar atención al predicador es parte imprescindible de la experiencia.

Allí estoy yo, sentado con los ojos clavados en el predicador, tratando de absorber cada palabra, su tono de voz, sus manierismos y el hecho de que esa corbata debió quedarse en la década de los 90, donde pertenece. El problema que he tenido que aceptar es que, aunque mis ojos están fijados en el predicador, mi mente está bien lejos de lo que él (o ella) está hablando y nada de lo que dice se está quedando en mi memoria. Ahora me veo diciendo amén y alzando la mano solo porque el resto de la congregación lo hizo primero, pero no hago más que llegar al estacionamiento y ya se me olvidó de qué estaban hablando… yo solo espero que haya sido sobre Dios y que de una manera u otra el desenlace termine conmigo llegando al Cielo.

Un día se me ocurrió una idea que ya a muchas personas en mi iglesia se les había ocurrido, pero yo me emocioné como si fuera el único en pensar en ella: iba a tomar notas.

Compré una libreta (porque para mí cualquier excusa es buena para comprar una libreta), y al domingo siguiente estaba apuntando lo que el pastor decía. La idea no me duró mucho tiempo porque, después de un rato, mi oído y mi brazo hicieron una conexión e ignoraron por completo compartirle la información a mi cerebro. Entonces, ni revisaba las notas, y cuando lo hacía, no me acordaba por qué había escrito lo que tenía escrito; y ni se diga de mi letra casi ilegible en aquel momento.

Cierto día, mientras navegaba por Instagram, vi en la cuenta de un dibujante estadounidense al que sigo, sus notas del sermón del domingo anterior. Esas notas no se parecían en absoluto a las mías. Estaban distribuidas por todo el espacio y adornadas por ilustraciones que me hacían consumir vorazmente las ideas. Y contrario a mis notas, las de él sí se podían leer. Yo decidí que quería aprender a hacer eso también, o sea, volver a aprender a escribir y a tomar notas visuales.

A mí siempre me ha gustado dibujar, por lo que escribir y leer las notas normales me resulta aburrido. Sin embargo, no fue hasta mis 30 años que decidí darle un uso práctico a mis dibujos, y tan pronto como el siguiente domingo, me iba a enterar por qué nunca antes se me había ocurrido dibujar durante el sermón.

Compré una libreta (porque, como mencioné, tengo un vicio bien grande con las libretas y los materiales de arte), y el domingo estaba dibujando y escribiendo entretanto el pastor hablaba. Mientras estaba concentrado en lo que estaba haciendo, sentía como unos puntos de calor concentrados en mi nuca y mi torso. Cuando levanté la mirada me di cuenta de que las personas que estaban a mi alrededor me estaban mirando mal. Yo he visto personas decir disparates horribles desde el altar, pero nunca nadie los miraba con el desprecio y el desdén con la que estas personas me estaban mirando a mí mientras yo hacía mis dibujitos.

No pude evitar remontarme a mi época de estudiante, cuando la maestra me regañaba porque estaba dibujando en lugar de prestar atención. Me sentí tan mal y tan extraño, pero ya había comenzado, tenía que terminar.

Cuando se acabó el servicio, fui donde mi pastor y le enseñé mi libreta. Yo no quería que él pensara que estaba distraído, así que le mostré lo que estaba haciendo antes de que alguien fuera donde él con la queja. Para mi sorpresa, el pastor dio una sonrisa de oreja a oreja y sacó su teléfono para tomarle una foto a lo que había hecho.

Sin embargo, lo más emocionante fue que a mitad de la semana todavía me acordaba de lo que había aprendido en la predicación del domingo anterior; todavía me acordaba de los siete puntos que ocurren cuando Jesús hace Su entrada triunfal en mi vida; aún recordaba la historia que el pastor usó para reforzar el cuarto punto y me acordaba lo suficiente como para poder ponerla en práctica en mi vida.

Así que continué dibujando en medio de la predicación. La gente me seguía mirando mal, pero yo estaba aprovechando lo que el pastor estaba compartiendo.

Un día, el pastor hizo una pausa y les dijo a todos lo que yo estaba haciendo con mis notas visuales y cómo él lo apoyaba. Luego proyectó mis notas del sermón anterior a modo de resumen y desde ese día nadie más volvió a mirarme mal. Al contrario, las personas comenzaron a mostrarme sus notas para que les diera mi aporte y dos años después estaba en un avión camino a Atlanta para capacitarme con una compañía que toma notas visuales para clientes como Delta, Google y la NBA.

LOS GARABATOS SON DE DIOS

Después de cierta edad, hacer garabatos se asocia con distracción o desconexión. Uno ve a una persona haciendo dibujitos en medio de una reunión y lo primero que piensa es que no está prestando atención. Quizás tiene que ver con la razón por la que nos daban crayolas cuando éramos niños, para distraernos mientras los adultos hablaban en paz. Luego llegamos a la escuela intermedia o superior, y cuando nos veían dibujando en clase, nos enviaban a la oficina del director porque le faltamos el respeto a la maestra. Es una situación bien confusa cuando la miramos con detenimiento.

Sin embargo, cuando vamos a la historia, los garabatos y dibujitos siempre han sido parte esencial de la experiencia humana.

Hace poco veía un documental en Netflix, sobre la vida silvestre de Arabia. Entre los distintos habitantes del desierto que mencionaba el documental, se destacaba una tribu nómada de personas llamadas «beduinos», que habían hecho alianza con los camellos para atravesar el desierto.

En su paso por las montañas, los beduinos se detuvieron frente a unas rocas que tenían garabatos y dibujos de hace cientos y cientos de años. Los de la tribu le enseñaban a los más jóvenes el mensaje de estas rocas, que aun cientos de años después seguía siendo relevante. ¿Cuál era el mensaje de estas rocas? Los supuestos garabatos detallaban donde se escondían las manadas de cabras montesas que los beduinos suelen cazar y cuál era la mejor forma de emboscarlas. Básicamente los beduinos tienen un manual de instrucciones de cacería hecho 100 % con dibujos en piedra.

Si hubieras vivido en la Edad Media, es posible que no hubieras sabido leer, porque en aquel tiempo la mayoría de las personas eran analfabetas. No obstante, si entrabas a una catedral, ibas a poder aprender de las historias de los héroes de la Biblia con tan solo mirar las ventanas porque los vitrales que las adornaban mostraban las historias que las personas no podían leer. Nuevamente, los dibujitos en acción.

En aquellos tiempos el analfabetismo era una barrera entre las personas y la Biblia, además de que los líderes religiosos usaban traducciones que solo ellos entendían para monopolizar la Palabra de Dios.

LA REALIDAD ES QUE NO ESTAMOS TAN LEJOS DE LA EDAD MEDIA

Uno pensaría que, con los adelantos en la tecnología, las distintas traducciones y la alta tasa de individuos que saben leer, todas las personas cristianas leerían la Biblia, así como muchos cristianos leen el horóscopo...

Aun en el siglo XXI sigue existiendo una barrera entre las personas y la Biblia, donde:

«¡VAYA, QUÉ REAL QUEDÓ ESE VITRAL DEL DILUVIO!».

- La vemos como un libro aburrido y tedioso de leer y entender;
- No sabemos por dónde comenzar a leerla;
- Tenemos la frustración de que se nos olvida lo que leímos;
- Leemos algunos textos fuera de contexto y no le vemos la relevancia;
- La Biblia ha sido tan mal utilizada que nos alejamos de leerla;
- Sencillamente es más fácil escuchar y repetir lo que dijo el predicador, el autor o el video de YouTube que te envió tu prima por WhatsApp.

El peligro de no conectarnos con la Biblia personalmente es que nos hace vulnerables a ser manipulados por las doctrinas que nacen de las agendas de personas hambrientas de poder.

Al principio de la década del 2000, la iglesia donde yo asistía fue recibiendo la influencia de diferentes predicadores que sembraron las enseñanzas del «evangelio de la prosperidad». Por muchos años, nos repartimos relojes y sortijas caras a diestra y siniestra al punto que mi iglesia parecía una fiesta de intercambio de regalos navideños auspiciada por Rolex... y uno que otro Rilex hecho en Taiwán.

La Biblia dice que, una vez que un espíritu entra a una casa, llama a sus amigos, y fue eso exactamente lo que vimos ocurrir en mi iglesia. Con base en el evangelio de la prosperidad, poco a poco se comenzó a omitir por completo el Antiguo Testamento, se comenzó a negar la existencia del infierno y del diablo; se predicaba más sobre el pastor de la iglesia (o el apóstol o arcángel) que del mismo Jesús; toda la experiencia del culto se basaba más en servir y honrar a una persona hasta el punto que Dios pasó a ser una nota al calce.

Hubo un grupo que permanecimos más tiempo del debido porque la mayoría en la iglesia éramos familia; pero la realidad es que cada domingo que pasaba identificamos enseñanzas y doctrinas que iban descaradamente en contra de lo que decía la Biblia.

El resto de las personas que se quedó en la iglesia y se tragó toda esa falsa doctrina, al cuestionarles sobre su rutina de estudio de la Palabra confirmaban que su único contacto con la Biblia era lo que predicaban desde el altar. Cuando les preguntabas por qué no tomaban el tiempo de leer lo que dice la Biblia, las excusas que soltaban eran más o menos las mismas que discutimos arriba y a eso le añadían: «Eso le toca al pastor. Para eso es que doy mi diezmo. Él lee la Biblia; me comparte lo que ella dice, y yo lo hago».

¿Es indignante escuchar este tipo de comentario? Sí.

¿Es sorprendente escuchar estos comentarios? No.

Es probable que hayas escuchado comentarios y barreras como estas. Es más, me atrevo a pensar que a ti también te ocurren los mismos obstáculos cuando quieres sentarte a leer y aprender más de la Biblia; por eso es que estás leyendo este libro. Yo soy honesto, a mí también me ocurre; y por eso escribí este libro, porque necesito que alguien me ayude a vencer el aburrimiento, la confusión, la distracción y el olvido que me impiden conectar con la Palabra de Dios.

La Biblia nos enseña en Josué 1:8, cual es la clave para tener una conexión real y efectiva con la Palabra de Dios que añada crecimiento, sabiduría y éxito a nuestra vida: *«Nunca se apartará de tu boca este libro de la ley, sino que de día y de noche meditarás en él, para que guardes y hagas conforme a todo lo que en él está escrito; porque entonces harás prosperar tu camino, y todo te saldrá bien.»* Si hacemos una extracción del texto para enumerar las acciones que debemos ejecutar para conectarnos con la Biblia, tendríamos el siguiente listado:

1. Enfocarnos lo suficiente y retener lo leído
2. Entender y meditar lo que dice la Palabra y las lecciones que guarda
3. Aplicar lo aprendido

Ahora que leo bien este listado, me doy cuenta de que estas acciones forman un acróstico que representan muy bien mi expresión cuando veo todo lo que hay que leer cuando abro la Biblia: ¡¡¡EEA!!!

LOS DIBUJITOS SENCILLOS SON LA MEJOR HERRAMIENTA PARA CONECTARNOS CON LA PALABRA DE DIOS

Los dibujitos están muy lejos de ser una distracción o una pérdida de tiempo, como muchas personas nos han enseñado. De hecho, pueden ser todo lo contrario; pueden ser la herramienta que necesitamos para superar las barreras que nos separan de leer, aprender y aplicar la Biblia a nuestra vida.

Así que, en lugar de definir un dibujito como una distracción, yo me suscribo a la definición que le da la autora Sunni Brown:

«LOS DIBUJITOS SON TRAZOS QUE AYUDAN A UNA PERSONA A PENSAR. UN DIBUJITO ES UN ESFUERZO ÉPICO DE NUESTRA MENTE PARA CONECTARSE CON LO QUE ESTÁ PROCESANDO ANTES DE SUCUMBIR A ESPACIARSE Y DISTRAERSE POR COMPLETO».[1]

Vamos a ver tres beneficios de hacer garabatos que nos ayudan directamente a desarrollar las acciones que nos llevan a lograr una conexión con la Biblia:

1. NOS AYUDA A ENFOCARNOS Y RETENER MÁS INFORMACIÓN

En el 2009, la psicóloga Jackie Andrade hizo un experimento bien interesante para comprobar si los garabatos son una distracción o si son algo más. Andrade reunió a 40 personas y las dividió en dos grupos distribuidos en partes iguales. Ambos grupos escucharon una grabación monótona en la que, por dos minutos, se recitaba un listado de nombres de invitados a una fiesta. Un grupo escuchaba la grabación mientras hacían garabatos en unos recuadros; el otro grupo solo se limitaba a escuchar atentamente.

Al final de la grabación a ambos grupos se les dio una prueba de memoria inesperada y los resultados sorprendieron a Andrade: Los que hicieron garabatos mientras escuchaban retuvieron un 29 % más de información que los que no los hicieron.[2]

2. NOS AYUDA EN EL PROCESO DE ENTENDER Y APRENDER MEJOR LOS CONCEPTOS

Muchos profesionales de la educación coinciden en que el ser humano aprende por cuatro métodos: visual, auditivo, lectura / escritura, kinestésico (aprender haciendo), y afirman que la experiencia donde más se optimiza el aprendizaje es aquella en la que se aplican dos o más métodos de aprendizaje. Lo estupendo de hacer dibujitos sencillos en el estudio de la Biblia es que podemos aplicar al menos *tres* métodos, uno más que la cantidad recomendada.

Aprendemos visualmente porque vemos imágenes que activan la memoria y nuestra capacidad de procesar información.

Aprendemos por el método de escritura / lectura porque estamos leyendo la Palabra. Si fuera una Biblia en audiolibro, estaríamos aplicando el método de aprendizaje auditivo.

Aprendemos de forma kinestésica porque estamos en movimiento, haciendo algo para que la mente se invierta 100 % en el proceso.

Uno de mis ejemplos favoritos es el de Michiko Maruyama, una estudiante de medicina, que expresa en su sitio web que ella saca un tiempo al final del día para hacer dibujos con base en lo aprendido en clase para consolidar todo lo que aprendió y asegurarse de que entiende y que asimiló los conceptos.[3] Algo que me llamó mucho la atención de su testimonio es que ella al principio hacía sus dibujos más como pasatiempo que como un hábito concreto, pero comenzó a tomarlos en serio cuando notó que sus calificaciones comenzaron a bajar cuando dejó de dibujar por semanas.

3. NOS AYUDAN A CONECTAR CON NUEVAS IDEAS Y A APLICARLAS

Un garabato puede ayudar a expresar emociones que aun las palabras no pueden cristalizar. En una conferencia de interacción entre humanos y computadoras, llevada a cabo en Estocolmo en el 2011, se presentó los resultados de un estudio donde 10 personas compartieron sus dibujos y garabatos por cuatro semanas, en reacción a su diario vivir.

Según Lisa Cowan, quien manejó el experimento, los mismos participantes se vieron sorprendidos de cómo lograron comunicar emociones complejas que apenas podían materializar usando palabras o mensajes de texto. Los garabatos incluían estudiantes viéndose abrumados por las fechas límites de sus exámenes finales y padres de familia expresando su ansiedad.[4]

Uno de mis pasajes favoritos de la Biblia es Juan 17:20-21, donde Jesús ora por Sus discípulos. En esa oración ocurre algo hermoso que yo nunca antes había notado: Jesús oró por nosotros. Sí, Jesús oró por ti y por mí. Aun mientras escribo sobre esta oración, se me hace tan difícil expresar la emoción y la idea de que Jesús rompe la cuarta pared de la Biblia y me considera a mí en Su oración. No hay palabras que me ayuden a pintar lo grandioso de ese escenario, por eso lo ilustré en mi Biblia. Cada vez que veo el dibujo, me acuerdo de cómo se estremeció mi corazón y confirmo mi agradecimiento y mi amor por Jesús.

Hacer dibujitos es mucho más que una distracción y no es en absoluto un acto de falta de respeto, siempre y cuando se lo haga con prudencia. Nuestro cerebro dedica cerca del 50 % de sus recursos para procesar imágenes;[5] se ha vuelto muy bueno en usarlas para nuestro beneficio. Yo digo que lo aprovechemos para romper las barreras que nos hacen pensar que no tenemos lo necesario para conectarnos con la Palabra de Dios y recibir sus promesas y su consuelo de una forma personal y directa en nuestra vida.

Ahora, antes de que descartes este libro (que he escrito con tanto amor para ti), porque piensas que esto no es lo tuyo porque no sabes dibujar, permíteme decirte que no saber cómo dibujar hace que este libro sea perfecto para ti. Los beneficios de los dibujitos no son solo reservados para los artistas con un talento innato para dibujar; son para todos. Y esto es una buena noticia porque, déjame decirte, yo tampoco nací con el talento innato de dibujar.

Me gustaría que sepas también que este libro no es para criticar ni atacar los métodos, derivados de *scrap booking* o arte con recortes que usan muchos grupos que promueven las ilustraciones en la Biblia. Es más, yo no considero este libro como uno de manualidades ni de tutoría para aprender las excelentes técnicas que practican estos grupos. Mi deseo es darte una herramienta que te permita ir más profundo en la Palabra, si así deseas, sin limitarte a usar materiales que otra persona creó ni devocionales que alguien más escribió, por no saber dibujar o no conocer exactamente cómo comenzar a explorar la Biblia. Lo que vas a aprender aquí te va a ayudar a estudiar y enseñar, pero más aún, a vivir más de cerca a la Palabra de Dios, con confianza y seguridad. Sí, voy a enseñarte a hacer ilustraciones bien sencillas, que no requieren que seas un artista, para que puedas responder visualmente a la Palabra y hacer que tu cerebro se nutra de todo lo que Dios quiere hablarte por medio de las Escrituras, pero es en función de lo que nos enseña Josué 1:8.

No importa si eres hombre o mujer, joven o con experiencias acumuladas, pastor o discípulo, teólogo o aficionado, artista o creador de muñequitos de palitos; si le perdemos el miedo a hacer dibujitos extraños y nos olvidamos por un momento de que se vea lindo, vamos a encontrar un puente al corazón de Dios que va a cambiar la forma en que nos expresamos, nos relacionamos y pensamos. En fin, va a cambiar la forma en que vivimos. Este libro te va a ayudar a construir ese puente y lo vamos a hacer en dos partes:

Primero, vamos a aprender un lenguaje visual para conectar las ideas con una imagen y así llevar a nuestra mente a invertirse para asimilar y retener las ideas que aprendamos.

Segundo, vamos a aprender el proceso que yo uso para interpretar de forma sencilla la Biblia y entender lo que dice para poder reaccionar a ella visualmente.

Al final, vamos a unirlo todo y crearemos devocionales que nos ayudarán a entender, retener y aplicar la Palabra de Dios.

¿Me acompañas? ¡Perfecto! Vamos a comenzar dibujando.

CAPÍTULO 2

LO IMPORTANTE ES LA IDEA

Dibujar
no se trata
únicamente
de arte

SINO TAMBIÉN

de la idea

La objeción número uno de las personas cuando voy a dar un taller o les muestro mi Biblia o las notas de mis predicaciones y mis charlas es la misma: «Yo no nací con el don de dibujar». Y yo siempre repito la misma respuesta: «¡Yo tampoco!».

Cuando yo cursaba el jardín de infantes en la escuela primaria, mi maestra sentó a mis padres para darles una noticia que podía derrumbar todos mis sueños.

—Daniel es un niño brillante —dijo mi maestra (porque esta es mi historia y así es que recuerdo cómo me la contó mi mamá)—, pero he notado que él tiene problemas con el motor fino y está muy atrás con sus destrezas motoras.

El motor fino es la habilidad de nuestras manos y muñecas para hacer movimientos delicados y refinados que llevan a actividades como la costura, la caligrafía y el dibujo. Mi maestra le estaba diciendo de una forma elegante a mis padres que yo era un asco coloreando y dibujando porque mis tareas tenían la elegancia de un gato saltando del susto cuando ve un pepinillo.

—He notado que a él le gusta mucho dibujar; pero, para no frustrarlo, recomiendo que lo integren a actividades como deportes o las ciencias y las matemáticas —remató mi maestra.

Yo no nací con el talento innato de dibujar. Es más, según mi maestra y algunos terapeutas vocacionales, yo tenía CERO capacidad para dibujar... estaba en negativo. Y quizás tú piensas que nadie nace con la capacidad para dibujar, pero yo conozco muchos amigos que desde pequeños daban señas de un gran potencial. En cambio, yo daba lástima.

Hoy sé comunicarme visualmente porque mis padres invirtieron mucho en alimentar mi deseo de practicar, practicar y practicar. Me compraban muchas resmas de papel y todo tipo de lápices, bolígrafos y marcadores. Al sol de hoy, una libreta y un bolígrafo son mis regalos favoritos.

La razón por la que comparto esta historia es porque el talento no es requisito para explorar la Biblia con garabatos. Es más, yo diría que es hasta mejor porque entonces podemos enfocar toda nuestra atención a lo que realmente importa: la idea.

Te invito a que busques un lápiz o un bolígrafo y que escribas y subrayes lo siguiente: **la idea es más importante que el arte.**

Siempre que hago un taller, comienzo con un ejercicio en el que los asistentes tienen que dibujar. A veces les pido que dibujen algo que los describa, pero recientemente descubrí un ejercicio que ha hecho la experiencia mucho más interesante: les pido a las personas que dibujen a su compañero. A mí me encanta ese ejercicio porque las personas se comienzan a quejar de que no saben dibujar, se sienten un poco incómodas porque no quieren ofender a su compañero; pero cuando el lado crítico del cerebro hace silencio, el verdadero valor del ejercicio comienza a tomar forma.

Vamos a hacer un ejercicio similar ahora. Párate frente a un espejo, usa un lápiz o un bolígrafo y dibuja un retrato de tu rostro. Calla por un momento el lado crítico de tu cerebro que dice que no sabes dibujar o que te va a quedar bien feo. Simplemente párate frente a un espejo, mírate bien y comienza a plasmar lo que ves. La única regla es que los ojos van en el centro y van uno al lado del otro. Toma unos minutos y dibuja honestamente en el espacio aquí provisto, lo que ves.

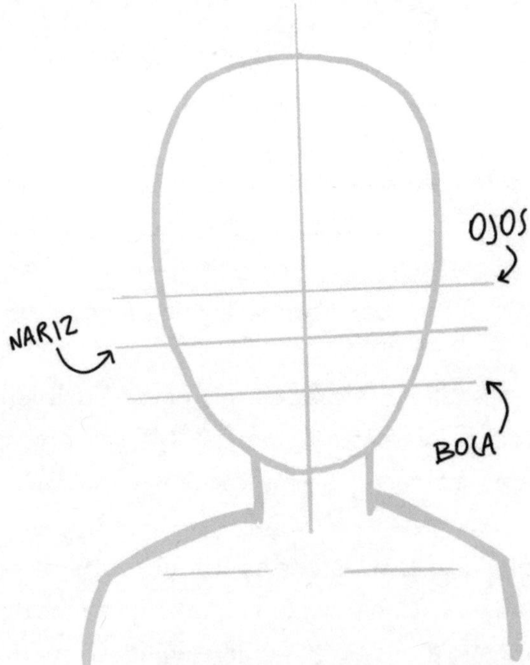

INTERPRETA VISUALMENTE LO QUE VES EN EL ESPEJO

¿Qué sentiste? ¿Qué puedes ver en tu dibujo? ¿Qué partes en tu dibujo puedes notar que sí son tus características?

Cuando hago el ejercicio con mis estudiantes, lo primero que noto es quién sabe y quién no sabe dibujar. ¿Cómo? Porque los artistas nunca terminan el ejercicio.

Los que saben dibujar están tan enfocados en hacer las sombras, el brillo en los ojos y las proporciones que nunca terminan a tiempo la asignación. Cuando lo comparo con el dibujo de alguien que no es dibujante, noto que el dibujo del no dibujante tiene más vida y personalidad y hace un buen trabajo en identificar lo que se ve de la otra persona. Mientras tanto, el dibujante se enfoca tanto en la técnica y en que quede bien que diluye la idea de lo que está viendo. Alguien que no sabe dibujar hace mejor trabajo en identificar los aretes que tiene su modelo, si tiene mucho cabello o una barba singular; el que dibuja todavía no ha terminado de hacer la degradación de la sombra en el ojo derecho. El que no sabe dibujar tiende a hacer una interpretación honesta de su compañero, mientras que el dibujante parece estar haciendo un boceto para la policía.

Tú puedes dibujar un árbol de diferentes maneras:

Ambos dibujos muestran un árbol. A la hora de la verdad, tu cerebro ve un árbol y eso es todo lo que necesita saber para asimilar y retener la idea. ¿La única diferencia? Dibujar uno me tomó dos segundos y el otro unos cuantos minutos adicionales. ¿El árbol de la izquierda va a terminar en una galería de arte? No. Pero en menos de un segundo tú sabías que es un árbol y no tuve que invertir 10 minutos dibujándolo.

MI PRIMER ARTE.

APRENDER A LA MALA

Tengo que confesar que el concepto de idea sobre el arte fue algo que aprendí a la mala.

Yo soy de las muchas personas que pensaba que hacer *Bible Journaling* o ilustraciones en la Biblia era cosa de mujeres. Para ser justos, casi todo lo que se ve en las tiendas sobre este tema está dirigido a mujeres; hasta las Biblias son súper florales.

Un día, mientras navegaba en la Internet, miraba el arte de un caricaturista al que seguía y me percaté que él hacía pequeñas tiras cómicas en los márgenes de su Biblia. Yo pensé: *si él lo hace, yo también lo voy a hacer.*

Tuve que comprar una Biblia de márgenes amplios en Amazon porque las que había disponibles para ilustrar eran rosadas y con flores. Cuando llegó mi Biblia, tardé como dos semanas en decidir qué texto Bíblico iba a trabajar, y tardé tanto en decidirme por un texto porque estaba más preocupado de escoger qué pasaje se prestaba mejor para hacerle un arte que de la idea de ilustrar en sí. De esto aprendí que le estaba dando más prioridad al arte, no a la idea, y eso me estaba estancando el poder comenzar. Tú tienes la bendición de que más adelante hablaremos sobre cómo comenzar a descubrir pasajes en la Biblia, pero yo no la tuve en aquel momento.

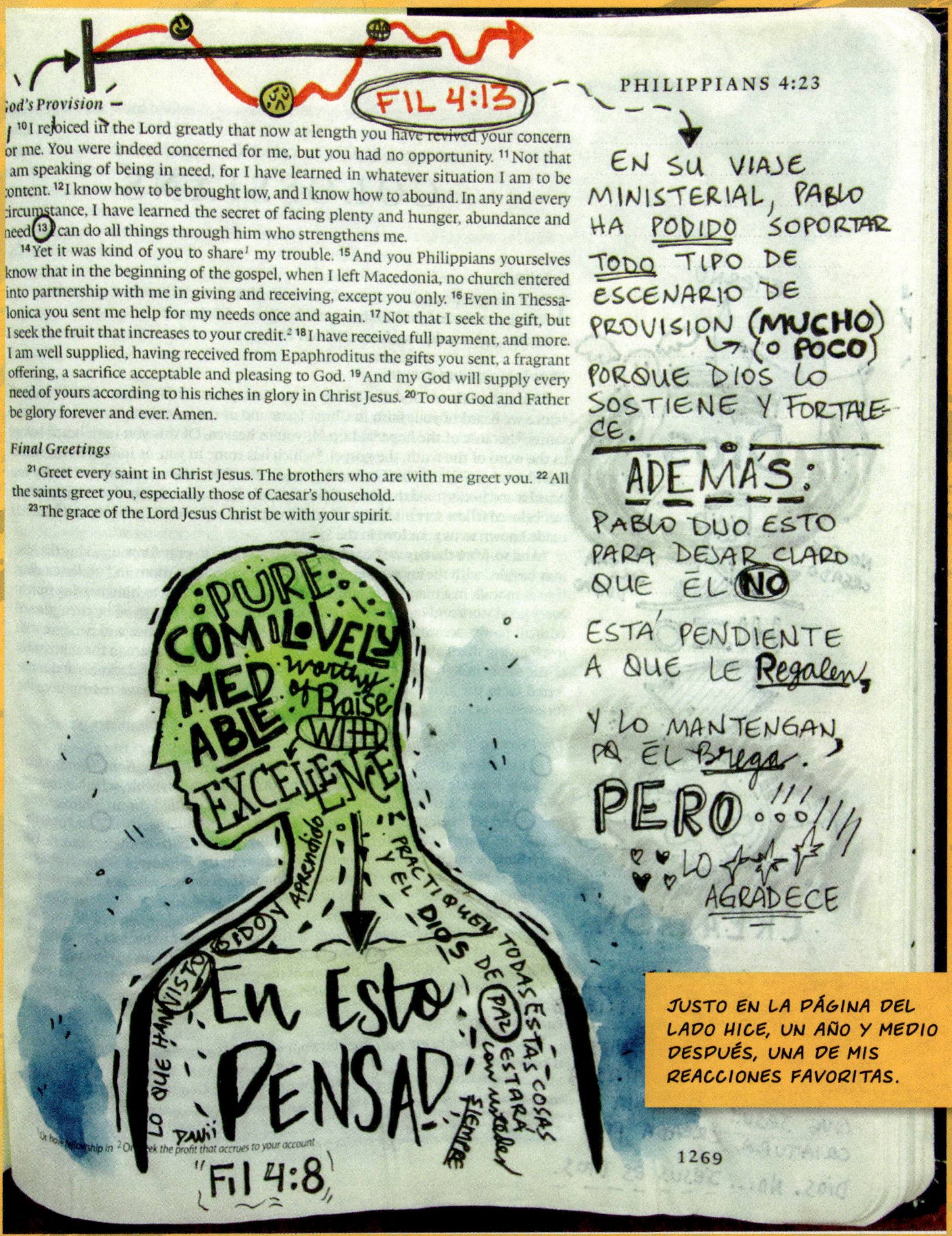

JUSTO EN LA PÁGINA DEL LADO HICE, UN AÑO Y MEDIO DESPUÉS, UNA DE MIS REACCIONES FAVORITAS.

Cuando hice mi primer arte, me sentí apoderado por una gran emoción que emanaba de mi pecho y rápido explotó hasta mis orejas... Se llamaba frustración, porque aquel arte no me quedó nada bien. Estaba tan frustrado que cerré la Biblia y no la volví a abrir por casi dos meses. Sin embargo, lo que me hizo regresar a ella dos meses después era que, aun después de todo ese tiempo, me acordaba de lo que había escrito y leído. Lo irónico era que ese «arte» que me hizo abandonar la Biblia por dos meses lo hice para el pasaje de Filipenses 3:13, que habla de no mirar atrás una vez que comencemos a andar con Cristo.

Un momento, si aún me acordaba del dibujo, del pasaje y de la frustración que me causó (sí, todavía leo Filipenses 3 y me da coraje), imagínate qué ocurriría si en lugar de buscar ligeramente un pasaje al azar para manifestar mi arte, permito que un pasaje me hable, me ministre y simplemente reacciono a él con una ilustración para que mi mente y mi corazón se inviertan y retengan esa hermosa enseñanza. Curiosamente, justo en la página del lado hice, un año y medio después, una de mis reacciones favoritas; fue sobre Filipenses 4:8.

Recuérdalo entonces, lo primero que debes tomar en cuenta al momento de dibujar es que no se trata únicamente del arte, sino también de la idea.

En el siguiente capítulo te mostraré algunos materiales que puedes usar para comenzar a ilustrar tu comprensión de la Palabra, y te compartiré algunos consejos que te servirán no solo para las cualidades técnicas sino también para que puedas disfrutar lo que haces.

CAPÍTULO 3

MATERIALES

Usa materiales

QUE MEJOR TE REPRESENTEN

y comienza

—SCHAR CHAPPELL

Al menos una vez por semana alguien me pregunta, ya sea por las redes o en persona, qué tipo de materiales yo uso o recomiendo. Antes me molestaba porque asumía que alguien pensaba que la clave de lo que hago estaba en los materiales que uso. Ya he ido madurando y aprendiendo. Todavía creo que los materiales no sustituyen la práctica, pero sí he aprendido que marcan la diferencia; incluso he experimentado que, por lo general, los materiales más costosos son los que mejor calidad ofrecen.

Si yo fuera a decirle a alguien qué necesita para comenzar a estudiar e ilustrar su Biblia, le diría que comience con lo que tenga disponible. Yo usaba lápices y bolígrafos de esos que regalan de promoción con el nombre de una compañía. Poco a poco he ido explorando nuevos materiales y he obtenido diferentes resultados.

Lo más importante que debes tener en cuenta cuando experimentes con materiales, lo resumiría con los siguientes puntos:

ERGONOMÍA Y UTILIDAD

Ten en mente cómo se siente al usarlo y qué tan seguro es usarlo. Yo tengo cuidado de no usar marcadores con olor fuerte porque luego de media hora me mareo.

Otra cosa que tengo en consideración es cuánto trabajo requiere de mí antes y después de mi estudio. A mí me gusta un proceso rápido y casual, por eso evito comprar cosas que requieran mucha preparación antes de comenzar y mucha limpieza después de terminar. Por eso, la mayoría de las cosas que uso son bolígrafos y lápices que simplemente destapo y vuelvo a cubrir cuando termino. Aun las acuarelas las uso con un pincel de viaje que lleva el agua por dentro.

CALIDAD

De nuevo, esto depende mucho del presupuesto. Cuando hablo de calidad, me refiero a la capacidad del material para completar el trabajo y preservarlo. Por ejemplo, a mí me gusta que el papel de mis libretas sea bastante robusto y permita que el bolígrafo o pincel se deslice y deposite la tinta o la pintura. Los papeles, bolígrafos y pinturas profesionales son muy buenos para preservar el trabajo de los embates del ambiente y el ácido que se encuentra en nuestros dedos.

CÓMO COMPLEMENTAN TU ARTE

Simplemente hay materiales más compatibles contigo que otros. Hay quienes no pueden utilizar lápices de madera; por otro lado, a mí me gustan. Hay bolígrafos con punta de brocha que son una delicia para unos y una tortura para otros. Yo prefiero tener un mismo tipo de bolígrafo en diferentes marcas, porque unas marcas no me gustan y otras sí. Una vez que encuentro ese bolígrafo, pincel, marcador o lo que sea, que es compatible conmigo, no lo suelto.

Tú sabrás qué materiales son compatibles contigo en la medida que vayas experimentando y sientas que la herramienta fluye contigo y te facilita el trabajo. A veces hay que ser pacientes y practicar un poco, pero no pasa mucho tiempo antes de que te des cuenta cuál herramienta es para ti y cuál no.

Muy bien, teniendo en cuenta estos puntos, te voy a compartir los materiales que tengo en mi inventario ahora mismo. Voy a dividirlos en tres categorías: 1) dónde escribir; 2) con qué escribir; 3) los colores y los detalles.

1. DÓNDE ESCRIBIR

BIBLIA CON MÁRGENES

Estas son las famosas Biblias que se usan para Bible Journaling o para apuntes. Lo que las hace especiales son los márgenes extra grandes que tienen para poder escribir apuntes. Claro está que, luego llegamos los creativos y comenzamos a dibujarla y pintarla. Muchas personas se sienten incómodas con este tipo de Biblia porque no les gusta la idea de cubrir la Palabra con pintura y tinta; de hecho, muchos se sienten incómodos nada más con pensar en escribir en la Biblia. No te sientas mal; estas Biblias fueron diseñadas para que tengas una conversación con la Palabra usando tus palabras, tus ilustraciones o cualquier garabato que te ayude a reaccionar a la Biblia.

Si quieres una Biblia que no se toque ni se maltrate mucho, existen varias que puedes conseguir para leerlas y tenerlas de colección (yo tengo varias así y no hay lápiz que las toque).

Lo bueno de usar esta Biblia para tus estudios es que te permite reaccionar y tomar notas junto al texto. Esa forma de conexión con la Biblia es buena porque se siente más inmediata y facilita encontrar los textos e ideas más adelante.

La única desventaja de tomar notas directo en la Biblia es que no siempre el espacio es suficiente. Esto me pasa mucho con los Proverbios; cada versículo tiene algo nuevo y brillante que decir, pero casi todo el espacio se me va en un solo versículo. Es por eso que, cuando quiero espacio para profundizar un poco más, uso una libreta.

LIBRETA

Puedes usar cualquier libreta que te guste o consigas. En lo personal, soy adicto a comprar libretas, aunque no las use, pero les voy a recomendar lo mejor que he usado.

Moleskine es una de las marcas de libretas más populares por la calidad y grosor del papel, sus marcadores y sus múltiples opciones de papel disponible. Puedes escoger una libreta con líneas, sin líneas, cuadriculada o con puntos. Una de mis favoritas tiene una mezcla de papel de líneas y papel sin líneas. Otras marcas de libretas similares a Moleskine, y que también son muy buenas, son Pentalic y Leuchtturm1917.

De nuevo, usa cualquier libreta que tú desees. Yo tengo un *journal* o diario en cuero con un papel bien artesanal, en el que suelo escribir predicaciones y estudios. A mí me gusta usar esa porque se siente tan especial y ancestral. También tengo libretas de escuela y me sirven de lo más chévere. Las Moleskine son geniales porque se sienten muy oficiales y profesionales... te hacen sentir como si fueras un pensador o un creativo experimentado.

«TODO EL MUNDO TIENE LA HABILIDAD DE NOTAR COSAS PECULIARES. LA ÚNICA DIFERENCIA ES QUE YO SIEMPRE LLEVO CONMIGO UNA LIBRETA. YO LO ESCRIBO TODO, ASÍ RECUERDO MEJOR LAS COSAS».

—DAVID SEDARIS

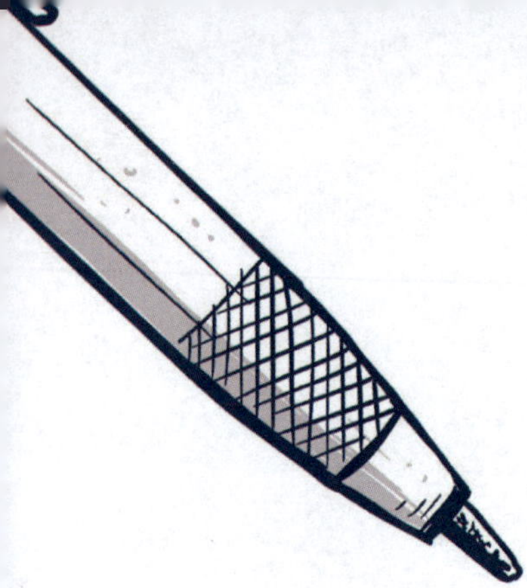

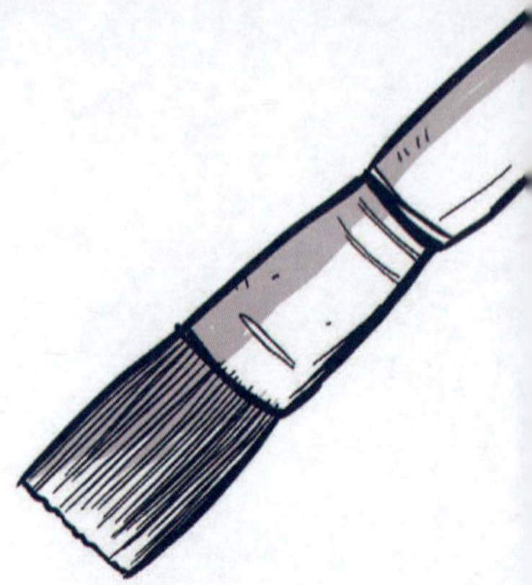

2. CON QUÉ ESCRIBIR

Aunque cualquier cosa te va a funcionar, desde un lápiz (puede ser labial, si quieres) hasta una crayola, es importante recordar que las páginas de las Biblias son bastante finas, por eso recomiendo bolígrafos que no pasen la página. Muchos de los bolígrafos que no se corren son a base de pigmento, no de alcohol, y esos son los que yo uso y te voy a recomendar a continuación.

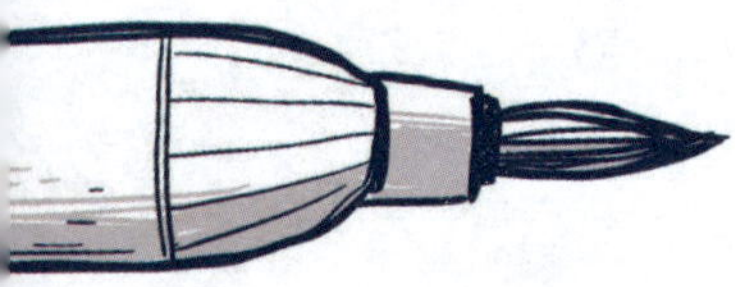

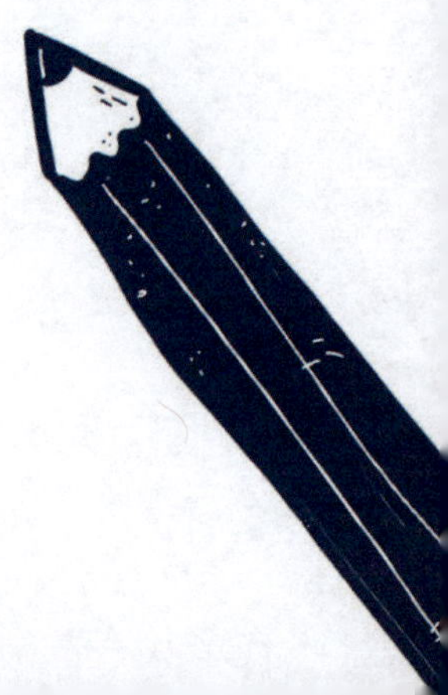

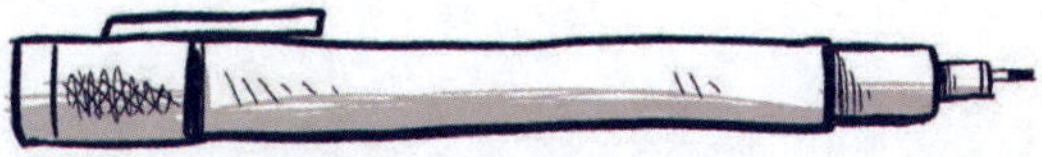

BOLÍGRAFO TÉCNICO O DE DIBUJO

Los bolígrafos técnicos son los que tienen puntas finas de diferentes grosores. Yo los tengo desde 0.8 hasta 0.003. Son buenos para trabajar desde líneas gruesas hasta pequeños detalles. Las marcas que más uso son Micron de Sakura y Copiic. Estas son a base de pigmento y son resistentes al agua, lo que las hace excelentes. Lo malo es que no son compatibles con todos los presupuestos, pero un paquete de tres bolígrafos ofrece bastante valor por tu dinero.

BOLÍGRAFO PUNTA DE BROCHA

Estos bolígrafos son buenos para líneas que necesitan resaltar y dar un efecto más orgánico. También se usan mucho en caligrafía y tipografía. Mi favorito es el Faber-Castell.

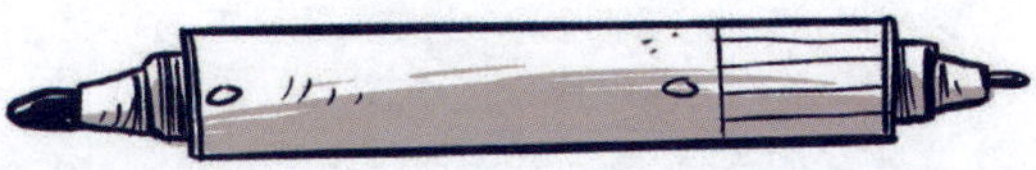

ZIG MEMORY PARA PAPEL DE VITELA

Este bolígrafo se ha convertido en uno de mis favoritos porque escribe fenomenal. Viene con punta gruesa y punta fina; está hecho para papeles finos como el de la Biblia (bueno, se podría decir que al ser para papel de Vitela, se diseñó para ser usado en la Biblia) y no se corre ni pasa al otro lado de la hoja.

LÁPIZ STAEDTLER MARS TECHNICO

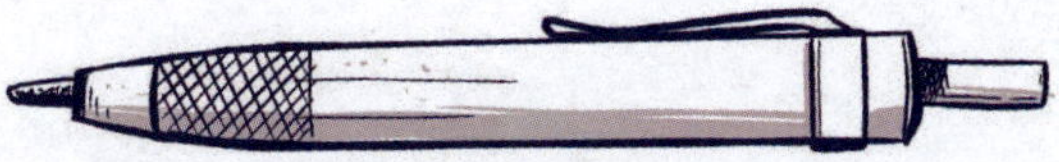

Es un lápiz técnico que contiene puntas reemplazables de 2MM. Lo descubrí cuando estudiaba ingeniería y, desde entonces, siempre ando con un lápiz de estos porque escribe como uno de madera, pero se siente como un bolígrafo.

3. COLORES Y DETALLES

Los colores y las sombras ayudan a resaltar las ideas de nuestras notas y estudios para hacerlas fáciles de leer y atractivas para compartir. No es necesario añadir sombras y colores, pero son útiles para separar ideas, añadir volumen, agrupar ideas similares, reforzar la jerarquía y facilitar la lectura. En mi caso, yo tiendo a usar pocos colores, no más de dos o tres, con algunas excepciones. El concepto de limitar la paleta de colores y de sombras es que todo trabaje en función de la idea, no del arte. Usar dos o tres colores te mantiene enfocado en resaltar la idea, en lugar de esconderla detrás de un espectro multicolor.

Yo he intentado muchos medios y herramientas para añadir color y sombras, pero te voy a compartir mis favoritos y los que uso el 90 % de las veces.

ACUARELAS

Me permite cubrir más áreas de colores como fondos y enmarcados de color con mayor facilidad. Cuando se seca terminas con un efecto orgánico y bien elegante. Mis únicas advertencias son que la acuarela toma un tiempo en aprender a manejar y que el papel de Biblia no siempre se adapta bien a ellas.

MARCADORES

Mis marcadores favoritos son los Copiic porque tienen dos puntas para diferentes efectos y áreas, y puedes mezclar colores para hacer sombras. Los Copiic son costosos, pero vienen alternativas muy buenas. El peligro de los marcadores es que la tinta se corre por las hojas, en especial los que son a base de alcohol.

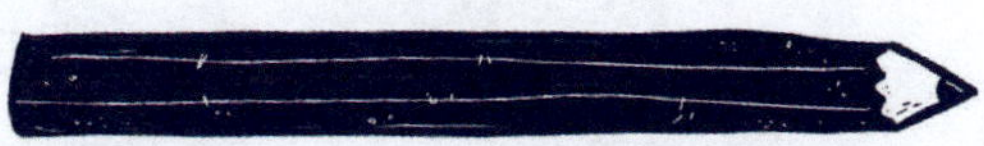

LÁPICES DE COLORES

Los lápices de colores son buenos porque su gama de técnicas se ajusta a las habilidades de todos, no se corren y hay muchas alternativas muy buenas para cada presupuesto.

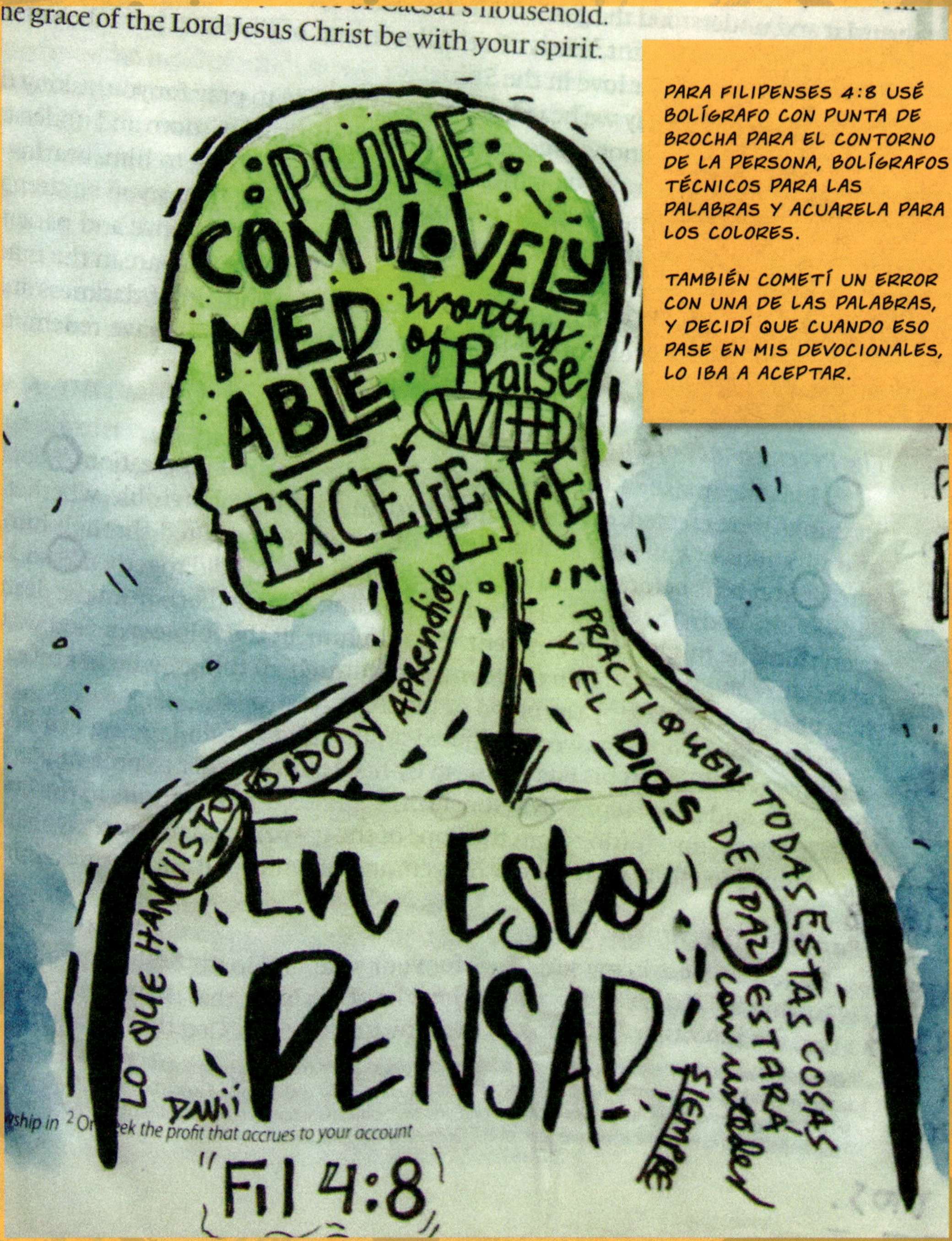

PARA FILIPENSES 4:8 USÉ BOLÍGRAFO CON PUNTA DE BROCHA PARA EL CONTORNO DE LA PERSONA, BOLÍGRAFOS TÉCNICOS PARA LAS PALABRAS Y ACUARELA PARA LOS COLORES.

TAMBIÉN COMETÍ UN ERROR CON UNA DE LAS PALABRAS, Y DECIDÍ QUE CUANDO ESO PASE EN MIS DEVOCIONALES, LO IBA A ACEPTAR.

ESTUDIANDO NAHÚM, DESCUBRÍ ESTA HERMOSA LECCIÓN Y LA ANOTÉ USANDO BOLÍGRAFO TÉCNICO, LÁPICES DE COLORES Y MARCADORES GRISES PARA LAS SOMBRAS.

CAPÍTULO 4

GARABATOS 101

Dibujar no es suficiente

PARA COMUNICARNOS

visualmente

No todo el mundo lee las introducciones de un libro y me imagino que va a ocurrir lo mismo con este libro porque, al ser más práctico, la tentación es saltar directo a los tutoriales. No me quiero arriesgar a que te pierdas la parte más importante (después de la Biblia, claro) de lo que estamos haciendo, así que voy a tomarme el atrevimiento de repetirlo: todos tenemos la capacidad de comunicarnos visualmente, solo hay que practicarlo. Y si tú eres de los que piensa que está en desventaja porque no eres artista, quiero que sepas que es todo lo contrario. Si no eres un artista, estás en ventaja porque se te hará muy fácil hacer tuya esta idea:

Los dibujos muy detallados toman demasiado tiempo. No necesitas crear dibujos extremadamente elaborados para comunicar una idea que te ayude a tener más claridad sobre lo que dice la Biblia y a recordar los pasajes que estás leyendo.

Veamos un ejemplo. No importa el nivel de detalle que apliques dibujando una persona, siempre vamos a entender que se trata de una persona, sin importar que hagas un dibujo complejo y detallado o simplemente uno con un círculo y varios puntos y líneas.

Seguramente tu maestra de escuela primaria te enseñó a reconocer las figuras geométricas básicas, pero hoy quiero que veas estas figuras con un nuevo significado. Son más que las figuras estrellas de la Geometría 101; son los componentes principales del mundo que observamos. Yo las llamo: «alfabeto visual».

Podemos dibujar (casi) TODO usando solo 5 figuras básicas

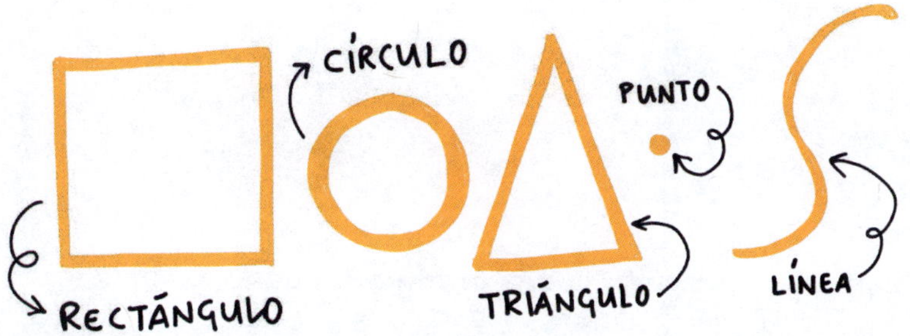

Estas cinco figuras sencillas son todo lo que necesitas para comunicar una idea o un objeto de forma visual y combinarlo con texto para hacerlo memorable. El «alfabeto visual» es el primer paso para crear un «lenguaje visual», el cual iremos conociendo en los próximos capítulos. Aparte de las letras, casi todos los componentes del lenguaje visual se construyen a base del alfabeto visual.

En su esencia, dibujar es describir de forma visual una idea que se ve o se piensa. Cuando mezclamos los cinco elementos de nuestro alfabeto visual, podemos crear diferentes íconos y dibujos sencillos, que con práctica, la gente puede entender de forma fácil.

Ya viste la primera parte, el alfabeto, ahora te toca a ti ejecutar la segunda parte, la práctica. Usa las sugerencias en cada recuadro y mezcla los elementos del alfabeto visual para dibujar el ícono sugerido.

BARQUILLA	EDIFICIO	COHETE
TELEVISOR	LÁPIZ	MONTAÑAS
MÓVIL	RELOJ	LIBRO

Ya tenemos el alfabeto visual. Ahora es tiempo de conocer el resto del lenguaje visual. Saber el alfabeto o dibujar no es suficiente para comunicarnos visualmente. Recuerda que lo importante es la idea, no el arte, por eso necesitamos usar más herramientas para que la idea sea fácil de digerir.

¿Qué significa «fácil de digerir»? Significa que debe ser fácil de leer y entender. Esto es muy importante si queremos aumentar la capacidad de entender, retener y aplicar de nuestros cerebros. Tu cerebro quiere ayudarte a tener éxito, pero no quiere esforzarse mucho; por eso es que uno se cansa de leer párrafos extensos, sobre todo cuando no son muy legibles. Cada uno de los elementos del lenguaje visual tiene la función de ayudarte a estructurar una idea y plasmarla de forma clara y elegante.

En este capítulo voy a compartir la mayoría de los elementos del **lenguaje visual**, excepto dos: tipografía y humanos. Estos últimos dos elementos vamos a discutirlos en el próximo capítulo.

1. JERARQUÍA

Aquí es donde comenzamos a separar los garabatos sin sentido que hacemos cuando hablamos por teléfono o escuchamos a alguien hablar, frente a los garabatos que vamos a usar para capturar ideas y conceptos. La jerarquía es cuando asignamos prioridades a la información que plasmamos según su relevancia. ¿Por qué esto es importante? Porque cuando plasmamos los elementos según su jerarquía, se facilita su lectura y la comprensión de las ideas. Recuerda que el objetivo de hacer estas notas es volver a visitarlas y repasarlas... Idea por encima de arte.

Un estilo clásico de orden de jerarquía es:

- Título
- Subtítulo
- Puntos claves
- Cita o idea que resalta dentro del punto clave
- Párrafos de contenido

Si vemos este listado a simple vista no parece haber mucha diferencia entre una categoría y otra, a menos que las leamos una a una. Pero tú y yo sabemos que las personas prefieren deslizar su mirada sobre el contenido mientras van captando la información que necesitas, de lo contrario su mente se desconecta. Por eso es que vamos a usar elementos visuales para decirle a nuestra mente que la información que va a leer es importante.

Las maneras más populares de plasmar jerarquía es:

- El tamaño de las letras que usamos. Mientras más grande es la letra, más prioridad tiene lo que estamos leyendo.
- El grosor de las letras que usamos. Mientras más gruesa es la letra, más importante es lo que leemos.
- Colores: se pueden usar para resaltar ideas importantes.
- Circular ideas y conceptos destacados.

Este concepto es para mí uno de los más importantes y desafiantes de aplicar porque aun las personas que dibujan o escriben bonito tienden a fallar en aplicar este concepto y el resultado es ideas aglomeradas que el cerebro no logra consumir eficientemente. Otra cosa muy interesante y emocionante para los que aún se resisten a la idea de hacer ilustraciones es que, con solo aplicar un poco de jerarquía a las letras, ya se está aplicando una forma visual al estudio de la Biblia. De hecho, nota que en el ejemplo que aparece arriba no hay ni una sola ilustración.

2. CONECTORES / FLECHAS

¿Cual es la mejor manera de conectar ideas que se relacionan entre sí? Usando una línea. Esa línea se llama «conector». El uso más común (que al menos yo le doy) al conector es cuando de una idea se derivan nuevas ideas, lo cual se usa comúnmente en los mapas de conceptos o *brain maps*.

En esta misma familia se encuentran las flechas. (¿Soy yo, o me siento como si estuviera en un documental de vida silvestre?). Las fechas pueden funcionar como conectores entre ideas, pero al mismo tiempo funcionan como recurso visual para navegar las ideas, sobretodo cuando se describen procesos u orden de secuencias.

Otra función que disfruto mucho de las flechas es que se puede hacer la ilusión de la animación. Uno de mis ejemplos favoritos es cuando simulamos transformación:

Algunos tipos de flechas que puedes usar en tu caja de herramientas:

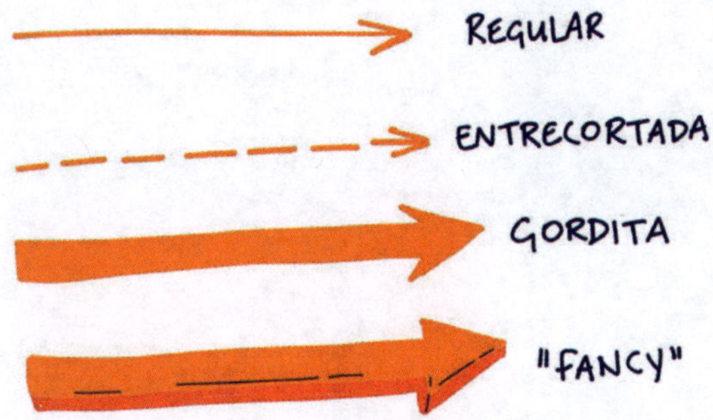

3. CONTENEDORES

Contenedores son estos elementos que encierran una idea y ayudan a distinguirla del resto del grupo de ideas. El poder de los contenedores se ve en acción cuando los incluyes y una página llena de letras y garabatos comienza a tomar forma y estructura (y francamente, detiene el sangrado en mis ojos).

Incluso, encerrar una palabra dentro de un contenedor, digamos un círculo, es una forma de ilustración, así que... ¡felicidades!, te dije que ibas a dibujar aunque no seas artista.

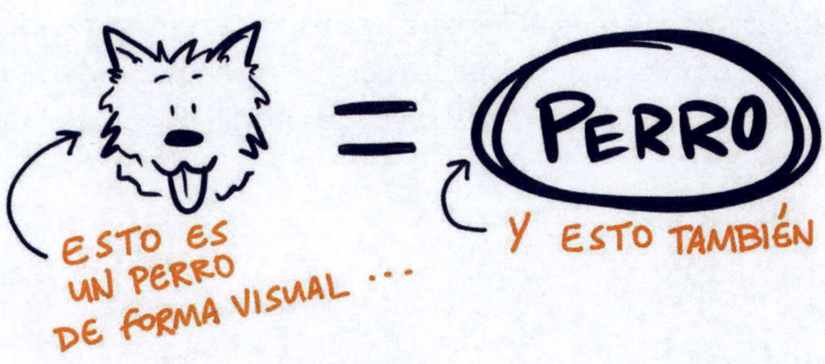

Aunque los contenedores se limitan solo por el poder de tu imaginación, algunos ejemplos de contenedores incluyen:

4. VIÑETAS O BULLETS

Bullets es el nombre en inglés con el se conoce a las viñetas. Las viñetas son los puntos o elementos individuales dentro de una lista y desde ahora te digo que van a ser tus mejores amigos porque casi siempre, la mejor manera de sintetizar ideas es desglosarlas en viñetas. Estas son muy útiles para agrupar ideas que se relacionan entre sí y muchas veces, se usan para destacar ideas dentro de párrafo, un buen ejemplo de esto es cuando destacas una nota o advertencia en medio de una explicación.

Aunque los puntos son las viñetas más comunes, siempre puedes añadir más opciones creativas a tu librería. A continuación algunos ejemplos:

5. COLORES Y SOMBRAS

Yo he notado que los colores tienen un efecto bastante peculiar con las personas. Me explico. Cuando las personas tienen crayones, marcadores o pintura frente a ellas, tratan de incluir toda la cantidad de colores que puedan. La realidad es que, parte de lo que quiero introducir en este libro, es el elemento de diversión y disfrute del estudio de la Palabra. Yo sé que diversión y disfrute no siempre es bien visto cuando hablamos de la Biblia. Sin embargo, para mí, eliminar estos elementos del estudio de la Biblia es una de las barreras que ha mantenido a muchas personas fuera de participar de sus enseñanzas. La misma Palabra dice que nos atrae con cuerdas de amor; yo creo que Él nos quiere atraer a Su Palabra con cosas que amamos y disfrutamos. Y, Dios mío, a la gente le encanta usar colores como si no hubiese pasado mañana. Si quieres disfrutar de los colores como tu corazón te dicte, con toda confianza ignora este punto y aplica color hasta que tu Biblia parezca que se cayó dentro de un arcoíris.

Si quieres usar colores de una manera que te ayuden a leer mejor tus notas, que aporten a la jerarquía, que añadan estructura y dirección, y que reflejen elegancia, te voy a compartir cinco maneras en que puedes usar los colores en tus apuntes y estudios bíblicos:

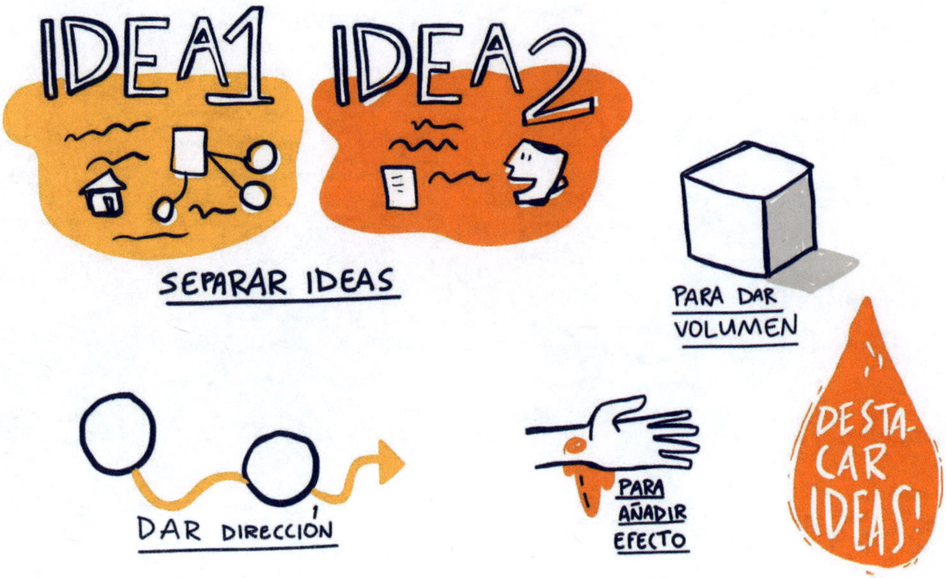

6. ÍCONOS

Uno de los elementos más destacados del lenguaje visual son los íconos. Este es un nombre más elegante para referirnos a los dibujitos que unen las ideas. Como ya hemos discutido, lo importante son las ideas sobre obras maestras, y puedes crear básicamente cualquier ícono usando el alfabeto visual. Lo que sí quiero destacar aquí es que la mejor manera de ir desarrollando la destreza de hacer íconos es ir creando tu propia librería de íconos.

Una librería de íconos es un catálogo de dibujos que ya tienes disponibles en tu mente en el momento que necesites hacer una ilustración. Esta es una técnica que utilizamos mucho los profesionales que practicamos Graphic Recording, también conocidos como «profesionales visuales» (es una industria relativamente nueva; dale tiempo) para tomar notas en vivo y capturar las ideas más poderosas al momento.

Yo creo que esto puede ser muy útil para facilitar tu manera de pensar y reaccionar visualmente a lo que lees en la Palabra.

En mi librería, hay elementos que son recurrentes y siempre los uso cuando la Biblia hace mención de ellos, aquí te presento algunos ejemplos:

Jesús

JESÚS ES LA FIGURA CENTRAL EN LA BIBLIA, ASÍ QUE DESPUÉS DE TANTAS VECES DIBUJÁNDOLO, DESCUBRÍ FORMAS SENCILLAS DE DIBUJARLO HASTA QUE SE HIZO PARTE DE MI LIBRERÍA DE FORMA ORGÁNICA.

Espíritu Santo

EL 99 % DE LAS VECES QUE TENGO QUE HACER REFERENCIA AL ESPÍRITU SANTO, USO ESTOS FANTASMITAS INSPIRADOS EN EL CLÁSICO JUEGO DE VIDEO PACMAN. COMO PODRÁS NOTAR, PUEDES USAR CUALQUIER REFERENCIA QUE ACTIVE TU IMAGINACIÓN, SIEMPRE Y CUANDO ELEVE LA IDEA QUE PRESENTAS. EL OTRO 1 % USO UNA PALOMA, PERO NO ES USUAL QUE LO HAGA.

Oveja

YO HAGO MIS OVEJAS DE LA FORMA MÁS SENCILLA QUE PUEDO. UNA NUBECITA CON UNOS PALITOS PARA LAS PATITAS Y UN CIRCULITO PARA LA CABEZA, SON MÁS QUE SUFICIENTE PARA MÍ.

Hay dos métodos que yo encuentro bastante útiles a la hora de desarrollar una librería de íconos:

PRACTICA ELEMENTOS CONCRETOS

Practicar elementos concretos es útil para ganar agilidad. Hay muchos elementos concretos que aparecen en la Biblia que puedes ver y aprender a dibujar.

Hagamos un ejercicio. En cada recuadro en la siguiente matriz hay una sugerencia de un objeto. Utiliza el alfabeto visual para crear el ícono que pertenece a cada recuadro. Recuerda, concéntrate en la idea, no en el arte.

ESPADA	ROCA	MAR
FRUTO	CORONA	TESORO
PEZ	PAN	BARCA

METÁFORAS PARA IDEAS ABSTRACTAS

Hay íconos que debemos considerar en nuestra librería que son abstractos. A estos no necesariamente los vamos a encontrar de forma física en la naturaleza o en una oficina. Son conceptos que necesitan un poco más de creatividad para interpretarlos visualmente. En mi opinión, son más divertidos, pero es por el nivel de reto que presentan, y al mismo tiempo por las posibilidades para hacer lo que uno quiera. Estos son conceptos como «cuerdas de amor», «objetivos» o «ética».

La mejor manera de abordar estos conceptos abstractos es utilizando ideas o criterios que ya conocemos. Aprovechamos esta familiaridad para visualizar los conceptos abstractos. No es muy diferente a lo que hizo Jesús con las parábolas; usó ideas y pensamientos que la gente podía ver para explicar criterios que nadie había visto antes.

Vamos a usar metáforas para trabajar los ejemplos que acabo de mencionar:

LA REALIDAD ES QUE CUERDAS DE AMOR YA ES UNA METÁFORA PARA EXPLICAR CÓMO DIOS NOS ATRAE HACIA ÉL. ASÍ QUE, TAN SOLO CON MEZCLAR UNA CUERDA Y ALGUNOS CORAZONES ESTAMOS LISTOS PARA CONECTARNOS CON EL LIBRO DE OSEAS.

CUANDO PIENSO EN OBJETIVOS, HAY MUCHAS COSAS QUE PUEDO ANOTAR: NÚMEROS, CUOTAS, DINERO, ETC. PERO UNO DE LOS MÁS VISUALES QUE SE ME OCURRE ES EL TABLERO DEL TIRO AL BLANCO, DONDE ACERTAR EN EL CENTRO DEL TABLERO ES EL EQUIVALENTE DE ACERTAR UN OBJETIVO.

ÉTICA ES UNA PALABRA COMPLEJA DE VISUALIZAR DE PRIMERA INSTANCIA, PERO PARA ESO ES QUE TENEMOS UNA LIBRERÍA. UNA DE LAS COSAS QUE YO ASOCIO CON ÉTICA ES LAS POSICIONES DE LIDERAZGO Y LA TENTACIÓN DE SER SOBORNADOS PARA MAL USAR EL PODER. POR ESO ES QUE UN SIGNO DE PARE DETENIENDO DINERO ME PARECE UNA BUENA INTERPRETACIÓN. TAMBIÉN PODEMOS USAR UNA MANO, EN LUGAR DE UN SIGNO DE PARE, PERO MI INTENCIÓN ES MANTENERLO SENCILLO Y ACCESIBLE.

Bueno, es tu turno de practicar. A continuación vas a ver varias filas con sugerencias. Esta vez vas a tener la oportunidad de explorar más ideas y crear tres íconos por cada sugerencia.

PAZ	IDEA	LUZ
DIOS TE GUARDE	GOBERNAR EL MUNDO	CONFIANZA
JUSTICIA	ÉXITO	ARMONÍA

EJEMPLO DEL LENGUAJE VISUAL EN ACCIÓN

Como el libro de Jonás es bastante corto, me dio la oportunidad de hacer el espacio para plasmar las ideas que más me llamaron la atención del libro. Nota cómo muchos de los elementos del lenguaje visual entran en acción para hacer un resumen sencillo y práctico de este libro. ¿Cuáles elementos puedes identificar?

11-4-18
PS. AGUSTÍN LÓPEZ
JONÁS, míralo correr
JONÁS NO QUISO TESTIFICAR DE DIOS.
CAMBIÓ
ROPA
UBICACIÓN
DE DIOS NO TE PUEDES ESCONDER
MIEDO
ARROGANCIA
DIOS TE INVITA A QUE DEJES DE CORRER DE ÉL
EL QUE HUYE TERMINA SIENDO AMIGO DE LOS CERDOS.
3 RÍNDETE
DIOS TE MOLDEA A LA ALTURA DE TU DESTINO
EN AGRADECIMIENTO
EN COMUNIÓN CON DIOS.
EL PECADO NOS DESCONECTA DE DIOS.
2 CLAMA A DIOS...
EL PECADO BLOQUEA TU ORACIÓN...
DIOS QUIERE TU OBEDIENCIA.
PERO SU GRACIA INMERECIDA NOS RECONCILIA
LA MISERIA ES PARA CORREGIRTE
NO OLVIDES
1 MIRA HACIA ARRIBA
NO CIERRES TUS OÍDOS A LA VOZ DE DIOS
DIOS NUNCA TE VA A DAR LA ESPALDA
DANII

CAPÍTULO 5

LETRAS Y PERSONAS

Mientras más sencillo el personaje

MUCHAS MÁS PERSONAS PUEDEN

identificarse con él

Cuando comencé a entrenar profesionalmente para tomar notas visuales, hubo dos cosas en las que tuve que invertir tiempo: las personas y las letras.

Los cuerpos de personas y las letras añaden gran parte de la personalidad y la fuerza emocional a nuestros estudios. La experiencia de plasmar nuestra reacción a lo que dice la Biblia es bastante personal y la intención es que puedas ser genuino y transparente. Cuando leemos la Biblia encontramos pasajes que nos confrontan, otros nos llenan de paz y alegría, otros nos causan un poco de molestia porque exigen que rindamos cosas de nuestra vida a las que aún nos aferramos. ¿Y sabes una cosa? Todo eso es lo que Dios quiere experimentar contigo a través de Su palabra. Él quiere que tu alma reaccione tal y como te visualizas y te sientes dentro del texto. La herramienta más poderosa para transmitir esas emociones son las letras y las personas.

En este capítulo te voy a enseñar cómo usar las letras y las personas para expresar lo que sientes, aun con palabras, y a tener una de las conversaciones más memorables (y extrañas) con el Espíritu Santo mientras tu corazón es moldeando en carácter.

LETRAS

Lo primero que me señalaron en mi entrenamiento fue que debía mejorar mi letra. Las letras son la diferencia entre notas que se ven profesionales y las que no. Sin embargo, para efectos de este libro, las letras marcan la diferencia entre notas que se entienden y notas que son un reguero.

Nuestros devocionales son para nosotros, pero tenemos que ser capaces de regresar a ellos y entender lo que Dios nos habló. Además de eso, quizás Dios nos va a motivar a compartir con otros lo que nos enseñó, así que nuestra letra tiene que ser legible y de bendición.

Además de la legibilidad, las letras que usamos forman gran parte de la jerarquía, el primer elemento de nuestro **lenguaje visual**, y transportan mucha de la emoción y la personalidad de lo que estamos diciendo. Por ejemplo, mira cómo la palabra «bendecida» puede comunicar diferentes significados según la letra que usamos:

Bendecida Aquí usamos una letra normal, que se utiliza para escribir párrafos e ideas sin mucha prioridad y con bastante neutralidad. Cuando escribo «bendecida» con esta letra, estoy estableciendo un hecho o describiendo una persona, un objeto o una situación.

Bendecida Esta letra comienza a darle más significado y poder a la palabra «bendecida». Esta toma un valor más profundo y declara esta palabra como un beneficio que está presente en la vida de alguien. Se siente más motivacional y tiene una fuerza que conduce a la esperanza.

BENDECIDA Esta letra me hace pensar que la palabra «bendecida» se está usando en un contexto un poco más pasivo o más agresivo. Como que, al decir que alguien es bendecido, está tratando de atacar indirectamente a alguien que le hizo mal o se está revelando contra una institución o persona. Esta letra comunica agresividad, pasión, pero al mismo tiempo acarrea un poco de dolor y vulnerabilidad.

VOLVAMOS A LA ESCUELA PRIMARIA

Una de las primeras instrucciones que me dieron cuando comencé a practicar letras para mis notas visuales era que tenía que volver a aprender a escribir. ¿Ofensivo? Sí. ¿Justo y necesario? Cien por ciento.

Nuestra letra tradicional ha sufrido grandes cambios desde la escuela primaria y se ha adaptado más para escribir rápido que para ser legible. A eso añádele el hecho de que escribimos más usando teclados y mensajes de texto, y tienes todos los elementos de alguien que necesita volver a aprender a escribir de manera legible. Antes de enseñarte a variar el grosor y a explorar distintos tipos de letras, vayamos un momento a lo básico.

Existen unas líneas imaginarias que sostienen a las letras que componen una palabra. Estas líneas le dan estructura a nuestras letras sin importar si las escribimos en línea recta o en pendiente. Nuestras líneas guías comienzan con la línea **base**, esta es la línea sobre la cual todas las letras se van a parar.

Luego se le une la línea llamada **altura-x**. Esta línea marca la altura de las letras minúsculas y las «barriguitas» de las letras que tienen ascendentes y descendentes, como las letras g, b, p, entre otras.

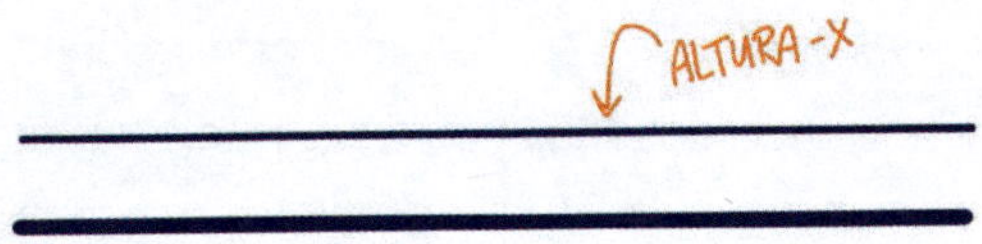

Ahora añadimos las líneas que marcan los **ascendentes y descendentes**. Cuando yo estaba en la escuela, la maestra les llamaba los palitos (ascendentes) y los rabitos (descendentes).

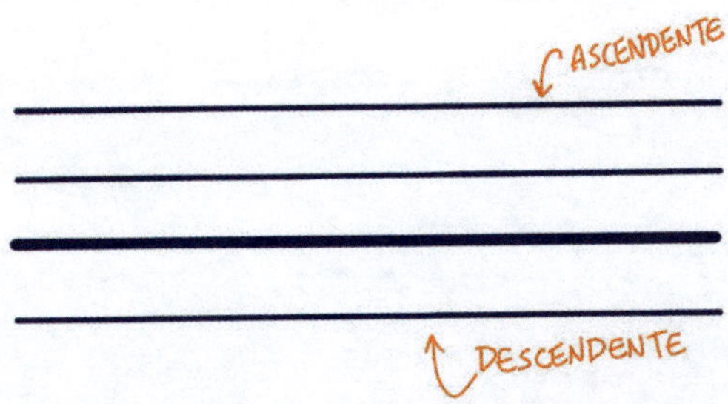

Por último (al menos en esta versión simplificada), añadimos la línea de las **mayúsculas**. Nota cómo esta línea queda un poco más abajo que la línea de la ascendente.

Bien, vamos a colocarle letras a estas guías para ver cómo funcionan.

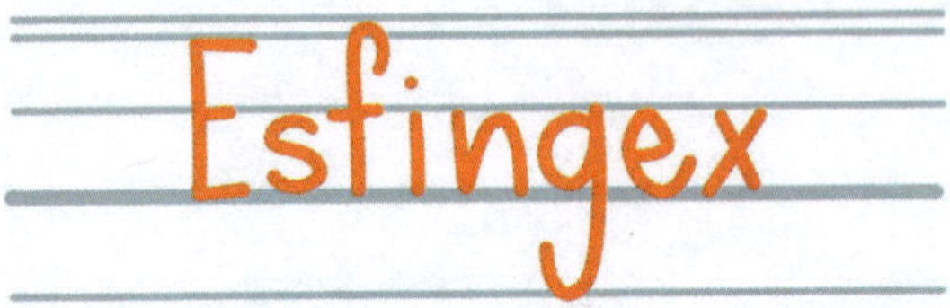

Ahora tú...

Usa estas guías para escribir las letras del abecedario. Para cada letra, escribe la letra mayúscula y la letra minúscula, como aparece en el siguiente ejemplo.

TIPOS DE LETRAS

Las veces que dirijo mis talleres me doy cuenta de que las personas, al instante, usan el mismo tipo de letra y lo único que varían, si acaso, es que algunas letras son un poco más grandes. Yo recomiendo tener al menos tres tipos de letras: regular, *serif* y cursiva, y variar el grosor de las letras. Aprenderemos cómo hacer estos tres tipos de letras y te voy a dar un truquito para hacer cursivas y letras gruesas de forma muy fácil.

LETRA REGULAR (SANS SERIF)

Ya practicamos la letra regular en el ejercicio anterior. Lo que caracteriza a esta letra es que no tiene adornos en los extremos, como la letra *serif*. Vamos a usar la letra regular para practicar cómo hacer letras más gruesas:

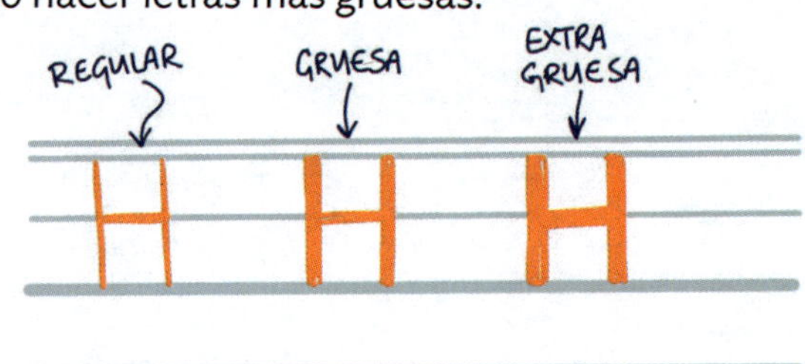

El mejor truco para hacer diferentes grosores es comenzar con la letra en su grosor original, añadir líneas paralelas y rellenar los espacios.

Para hacer la letra extra gruesa, solo tienes que añadir otra línea paralela y listo.

ESTE ES UNO DE MIS DEVOCIONALES FAVORITOS PORQUE ES BÁSICAMENTE TODO TEXTO, CON DIFERENTES ESTILOS, GROSORES Y HASTA COLORES.

LETRA SERIF

La letra Serif es una letra que tiene líneas que la adornan y tiende a darle un estilo más clásico, formal y elegante.

LETRA CURSIVA

La letra cursiva tiende a dar un tono más informal, conversacional y hasta motivacional. El estilo más reconocido de las letras cursivas es el efecto que se crea cuando escribimos con brochas en lugar de bolígrafos. Este estilo es bastante atractivo, en particular por el efecto orgánico que se crea con la mezcla de trazos gruesos y trazos más finos.

Ahora bien, yo noto mucho que aprender a usar las brochas para hacer letras es frustrante para un buen número de estudiantes de mis talleres, así que decidí buscar una alternativa para crear el efecto orgánico de las brochas, pero con el control de los bolígrafos técnicos. De hecho, este es un truco que yo uso bastante cuando hago mis devocionales, así que no tienes que sentirte que estás haciendo trampa.

Yo te aconsejo que, una vez que te sientas más cómodo escribiendo según las líneas guías, experimentes con otros estilos de letras, tamaños y grosores, y los mezcles.

PERSONAS

Dentro del lenguaje verbal, yo creo que las personas son uno de los elementos más importantes. ¿Por qué? Porque tú eres una persona. Este ejercicio de hacer devocionales visuales se trata de tu reacción y aplicación de lo que lees, por eso necesitas plasmar personas y sus expresiones.

En esta sección quiero mostrarte cómo ilustrar personas, de forma sencilla, y luego vamos a experimentar cómo hacer algunas expresiones.

NOTA DESDE EL ESCRITORIO DE DANII:

UNA DE LAS RAZONES POR LAS QUE FAVOREZCO UN ESTILO SÚPER SENCILLO QUE USE SOLO CÍRCULOS Y LÍNEAS, LO DESCUBRÍ SUBIENDO CONTENIDO EN LAS REDES SOCIALES. MIENTRAS MÁS SENCILLO EL PERSONAJE, MUCHO MÁS PERSONAS PUEDEN IDENTIFICARSE CON ÉL, CONECTARSE CON EL MENSAJE Y COMPARTIRLO. ANTES YO HACÍA PERSONAJES QUE SE PARECÍAN A MÍ, PERO MIENTRAS MÁS IBA SIMPLIFICANDO EL DISEÑO, MÁS PERSONAS COMPARTÍAN MI CONTENIDO. CREO QUE, MIENTRAS MÁS SENCILLO, MÁS UNIVERSAL E INCLUSIVO.

EL MUÑEQUITO DE PALITOS

El muñequito de palitos es una manera 100 % legítima para hacer personas. ¿Cómo no? Al menos es una de mis favoritas en mis notas personales. Un círculo y cinco líneas son todo lo que necesitas. Lo que quiero que experimentes es hacer líneas más fluidas, en lugar de líneas rígidas para darle un estilo más orgánico y animado.

EL MUÑEQUITO ESTRELLA

Este método lo utilizan muchos profesionales porque te permite dibujar rápido y crear algo más elaborado.

EL MÉTODO DIOS HABLA HOY

La realidad es que muchas personas usan este método y le ponen nombres diferentes. Yo le digo el Método Dios Habla Hoy porque la primera vez que vi este tipo de método en acción fue en una Biblia de la versión Dios Habla Hoy que me compraron cuando estaba en cuarto grado. Esa Biblia me encantaba por la forma tan accesible y expresiva de dibujar personas. De hecho, creo que este es mi método favorito porque nos permite dibujar acción mucho más fácil y rápido.

EL MÉTODO DHH EN ACCIÓN

Hacer poses dinámicas con el método DHH es muy fácil; seguimos usando rectángulos, círculos y líneas, pero simplemente rotamos el rectángulo para crear más dinamismo.

EXPRESIONES

De la misma forma que hemos usado líneas, puntos y círculos para crear íconos, podemos usar los mismos elementos para crear expresiones que hagan más poderosas nuestras ilustraciones. El autor Mike Rohde describe un proceso bastante sencillo para hacer expresiones usando arcos para las cejas y la boca, puntos para los ojos y una nariz triangular en una cuadrícula.[1]

Ahora practícalo tú.

Ahora usa diferentes figuras e integra las expresiones para hacer rostros.

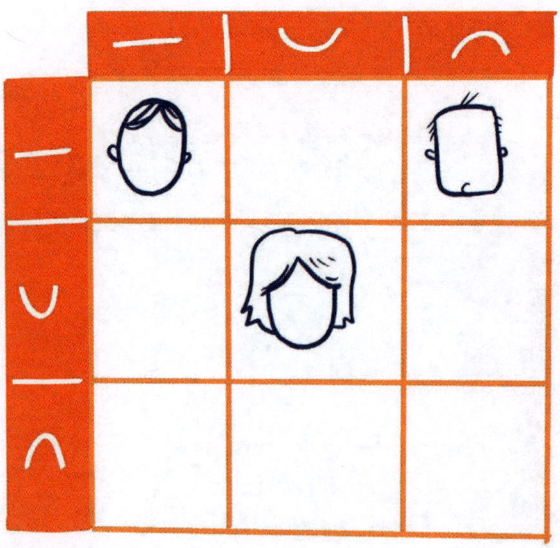

CAPÍTULO 6

ANTES DE COMENZAR A LEER LA BIBLIA

Asumir una mentalidad correcta

NOS AYUDA A ELEVARNOS SOBRE

las cosas que no entendemos bien

Compartir contigo esta parte del libro me llena de mucha alegría. Cuando ofrezco mis talleres en vivo, dedicamos mucho tiempo a la parte creativa que vimos en la sección anterior y siempre me quedo con el deseo de explorar más el estudio e interpretación de la Biblia. El punto de este libro es que podamos conectar con la Palabra usando el siguiente camino:

1. Leer y entender lo que estamos leyendo.
2. Interpretar lo que leímos.
3. Reaccionar visualmente para entender, retener y aplicar la idea y el impacto que tuvo en nosotros.

Con el lenguaje visual podemos conectar la idea que leímos con palabras e imágenes para entender, retener y aplicar lo leído. Sin embargo, tan pronto abría mi Biblia armado con mi lenguaje visual, me daba cuenta de que tenía que entender e interpretar bien lo que estaba leyendo para que el dibujo fuera memorable y que tuviera sentido. Hacer dibujitos es chévere porque nos resuelve el problema de meditar, retener y aplicar la Palabra, pero no sirve de mucho si no leo e interpreto la Escritura. Tarde o temprano tuve que aceptar una realidad que traté de ignorar por años: la Biblia me intimidaba.

Yo no soy pastor ni un académico que notó que muchos de sus feligreses no se exponen a la Biblia y está enseñado sus herramientas de hermenéutica. Yo soy un individuo que lleva escuchando por años que, como cristiano, es mi deber leer la Escritura. No obstante, cada vez que trato de sentarme a leerla me confundo, me aburro y me distraigo. La mentira que nos creemos es que la Palabra es aburrida o que no está hecha para gente como nosotros. Si eres como yo, es posible que sientas que hay una barrera entre tú y la Biblia, y esa barrera está formada con expresiones como: «Yo no la entiendo; es para gente más llamada o capacitada que yo», o quizás: «Se me olvida lo que leo; solo gente más espiritual que yo puede memorizar la Biblia».

Una de las barreras más grandes que me separaban de las letras divinas es el hecho de que están compuestas por 66 libros diferentes, escritos en distintas épocas; en diversos contextos culturales y sociales cada vez más alejados del nuestro; por personas de orígenes, ocupaciones y educación nada parecidos; en géneros literarios distintos. Aun así, yo insistía en leerlas como si fueran una revista o una novela. Tuve que entender que, para romper la barrera entre la Biblia y yo, necesitaba un sistema. ¡Me encantan los sistemas! Mientras las personas asocian la libertad con romper sistemas, yo creo que son los sistemas los que nos dan el marco para vivir, crear y crecer en libertad y armonía.

Hay muchas maneras de estudiar la Biblia. Algunos sistemas requieren que uno sea un súper erudito y otros simplemente necesitan que tengamos el deseo de aprender y entender unos principios sencillos, pero necesarios. Al fin y al cabo, no importa el tipo de sistema que quieras aplicar, las bases son las mismas, incluyendo los pasos que vamos a aprender en los siguientes capítulos.

Lo importante es que, antes de leer cualquier versículo, antes de aplicar cualquier sistema e incluso antes de orar para que Dios nos hable, necesitamos entrar a la Biblia con una idea clara de qué es lo que ella trata y una mentalidad correcta a base de esta información. No es muy diferente a las veces que leemos una novela o un libro de autoayuda. Con una novela o un libro de superación personal, uno primero lee la sinopsis del libro para ver de qué se trata y, con base en eso, uno acondiciona la mente y las expectativas para recibir mejor lo que va a leer. Se nos olvida hacer lo mismo con la Biblia porque el sistema de religiosidad nos dice: «Esta es la Palabra de Dios; es lo único que debes saber». La realidad es que, y tú me perdonas, ese argumento no es suficiente y lo que hace es alejar a muchos de participar de lo que dice la Biblia.

DE QUÉ TRATA LA BIBLIA

Sí, mi amigo y amiga, la Biblia tiene una trama mucho más allá de simplemente decir que es la Palabra de Dios o un manual de instrucciones. De hecho, llamarla «un manual de instrucciones» es una manera injusta e incompleta de verla. Aunque es cierto que la Palabra tiene las bases que necesitamos para levantar nuestros valores morales, es mucho más que instrucciones de convivencia, sobre todo cuando fue escrita para culturas ancestrales. El problema de ver la Biblia de esa forma es que le resta relevancia a la realidad de que es la Palabra de Dios y va en contra de la verdad de que ella es viva y eficaz.

La Biblia es una colección de libros que en conjunto narran cómo Dios creó a la humanidad como Su más preciado logro, porque nos hizo a Su imagen y semejanza. Luego la humanidad se rebela contra Dios y Él ejecuta un plan para alcanzarla, salvarla de su pecado y volver a unirla a Él. Ese plan se llama, Jesucristo. En otras palabras, la

Biblia, desde el Antiguo Testamento hasta la Concordancia, apunta a Jesucristo. El apóstol Pablo, en su segunda carta a Timoteo, nos confirma esta idea:

> «Recuerda que desde niño has leído la Biblia, y que sus enseñanzas pueden hacerte sabio, para que aprendas a confiar más en Jesucristo y así seas salvo» (2 Tim. 3:15, TLA).

Vamos a visualizar la historia de amor entre Dios y la humanidad que nos narra la Biblia.

ASUMIR LA MENTALIDAD CORRECTA

Una vez entendemos de qué trata la Biblia, se nos hará más fácil asumir la mentalidad correcta para poder entender, retener y aplicar el mensaje que Dios nos quiere comunicar a través de Su Palabra. No es muy diferente a ver Netflix un viernes en la noche. Mi intención no es restarle importancia a la Biblia comparándola con ver televisión, pero presta atención, porque este ejemplo cambió mi manera de leer la Biblia.

Cada viernes, Netflix añade programación nueva con la intención de mantenerme usando el servicio y hacerme adicto a sus series durante todo el fin de semana. Muchas veces, la oferta de Netflix consiste en programación original, series, documentales y otras cosas que, en su mayoría, nunca había escuchado antes. Eso significa que, para decidir si veo o no uno de los programas, necesito saber de qué trata. No obstante, lo que determina si continúo viendo el programa y lo disfruto hasta el final, es la mentalidad que asumo luego de saber la trama. Asumir la mentalidad incorrecta ha sido problemático porque, hay veces que leo un resumen y pienso que voy a ver una comedia, pero resulta que la serie es más drama que comedia... o peor, una de esas comedias oscuras que no tienen ritmo y son bastante incómodas de ver.

Asumir la mentalidad correcta una vez que entendemos de qué trata la Biblia, nos ayuda a elevarnos sobre las cosas que no tienen sentido o que no entendemos bien en primera instancia.

Hace unos años, cuando mi intención era leer cada libro de la Biblia como si fuera una revista, me encontré muchas barreras con algunos de ellos. Los libros como Proverbios son fáciles de entender porque son bastante prácticos y directos en lo que dicen; contienen principios universales y no hay que ser un experto para disfrutarlos. Por otro lado, de momento me encuentro libros como Jeremías y los profetas menores que no son tan fáciles de digerir. ¿Y qué me dices de los pasajes que parecen contradecir las cosas que nos enseñan de Dios en la iglesia? Historias como cuando Dios le pide a Abraham que sacrifique a su hijo Isaac no son fáciles de justificar ni conectar con Jesús, si no tenemos la mentalidad correcta.

Yo creo que cada individuo va a la Biblia con una mentalidad preconcebida, así que esta idea que estoy compartiendo contigo no es nada escandalosa. Muchas personas acuden a la Escritura para justificar sus agendas, otros van a ella buscando contradecir la existencia de Dios o Sus intenciones. ¿Sabes qué es lo interesante? Que no importa lo que busques en la Biblia, lo vas a encontrar según tu mentalidad. Asumir una mentalidad para conocer y vivir el amor de Dios en nuestro propósito de vida es una forma de motivarnos a leer, investigar y aplicar la Palabra de una manera saludable.

A continuación, te presento las ideas con las que yo me expongo a la Palabra de Dios. Estas no me dan todas las respuestas, pero me colocan en una posición de ser inspirado y bendecido por el Espíritu Santo mediante Su Palabra. Mi oración es que tengan el mismo efecto en ti.

MENTALIDAD # 1: DIOS ME AMA

Dios nos ama y la Biblia sirve para que tengamos evidencia y entendimiento de cómo Su amor ha operado a través de la historia de la humanidad hasta manifestarse en Jesús. El Salmo 102:18 (TLA) nos ofrece una revelación poderosa sobre el propósito de la Biblia.

> «Que esto quede por escrito
> para los que aún no han nacido;
> para que alabe a Dios
> el pueblo que está por nacer».

Seamos honestos, además de las contradicciones que los académicos admiten abiertamente y los ateos aprovechan para descartarla, la Escritura cuenta con un sistema interesante de autoría.

La Biblia está compuesta por diferentes géneros literarios, escrita por diferentes autores de diversas eras, culturas y trasfondos; cada uno, aunque inspirado por Dios, está influenciado por sus propios contextos, educación, experiencias, mentalidades y expectativas. Tenemos guerreros que hablan de exterminar toda una nación, líderes usando estacas con serpientes de bronce para sanar personas, jueces que hacen acuerdos con Dios que los lleva a sacrificar a sus seres queridos y ni hablar del concilio que decidió qué libros se iban a incluir en la Biblia en medio de un panorama políticamente cargado. Esta realidad nos inunda de preguntas sobre el carácter de Dios y la pureza de la Biblia, pero cuando vemos el versículo 18 del Salmo 102 a la luz de la realidad que acabamos de discutir, descubrimos que la Biblia no se opaca a causa de

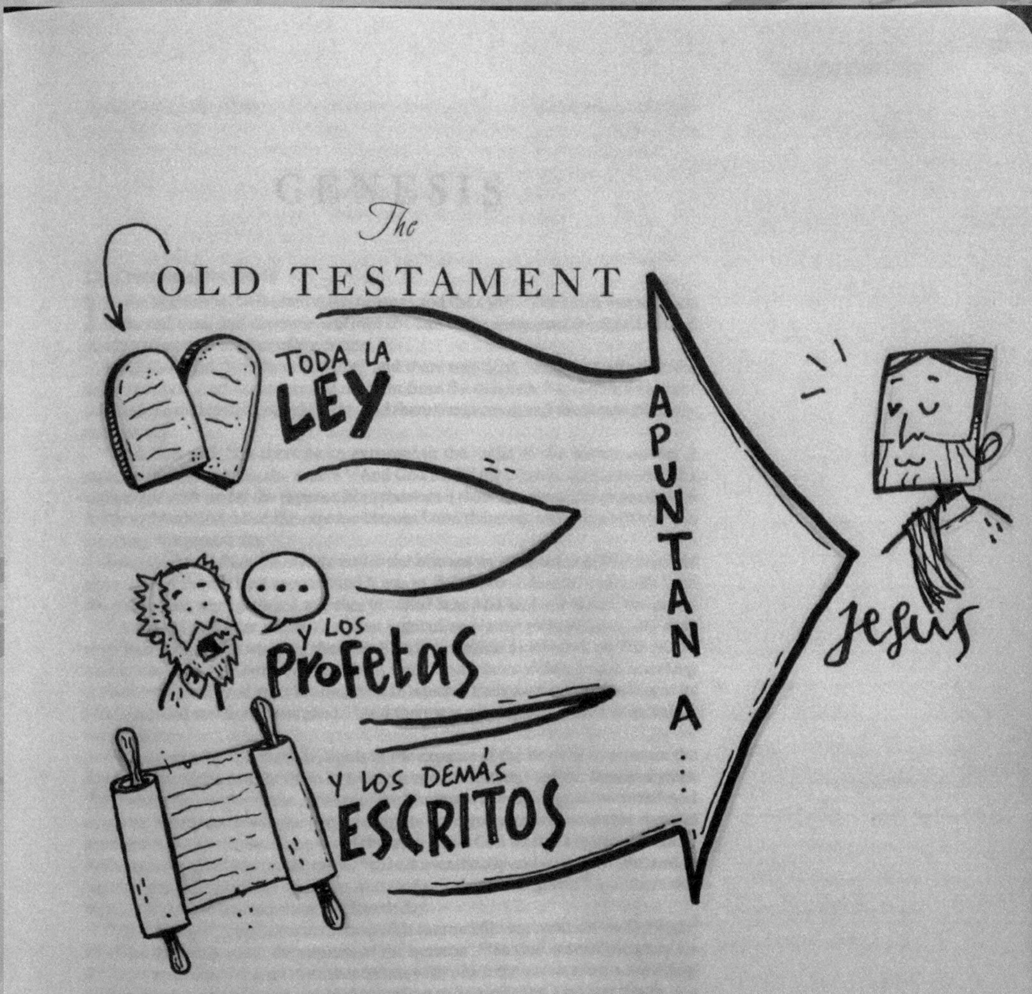

LEER LA BIBLIA CON LA MENTALIDAD DE QUE DIOS NOS AMA, NOS OBLIGA A ANALIZAR MÁS A FONDO LO QUE LEEMOS PARA ENTENDER MEJOR LA REALIDAD DEL AMOR DE DIOS EN MEDIO DE UN MUNDO CORRUPTO DESDE EL ANTIGUO TESTAMENTO HASTA MANIFESTARSE EN LA FIGURA DE CRISTO.

todos estos elementos de influencia humana. Es todo lo contrario, ella es testimonio del poder de Dios, y a pesar de toda la intervención humana que hay en sus páginas, nunca deja de brillar la historia del amor de Dios hacia una humanidad que ha vivido toda su existencia queriendo sustituirlo a Él.

Leer la Biblia con la mentalidad de que Dios nos ama, nos obliga a analizar más a fondo lo que leemos para entender mejor la realidad del amor de Dios en medio de un mundo corrupto desde el Antiguo Testamento hasta manifestarse en la figura de Cristo.

MENTALIDAD # 2: DESDE MI PUNTO DE VISTA, LA VIDA NO ES JUSTA, PERO DIOS ES SOBERANO.

Contrario a lo que algunas doctrinas enseñan, la Biblia reconoce la volatilidad de la vida. La vida no es justa y nosotros no ayudamos a la causa cuando tratamos de tomar control de cosas que no entendemos del todo. La Escritura reconoce que en la vida hay enfermedades, traiciones, pérdida, sufrimiento, injusticia social y tragedias que nos inundan una y otra vez. Estos son aspectos no negociables del mundo en que vivimos.

No todas las historias de la Biblia terminan con un final feliz. No siempre el sufrimiento termina con un premio para compensar todo lo que hemos pasado. No todos los esfuerzos de los líderes que vemos en la Palabra dan los frutos que ellos esperaban; es más, muchos murieron sin ver las promesas de Dios cumplirse en su vida.

Sí, Dios es fiel y nada de lo que sufrimos es en vano, lo que pasa es que esto es difícil de entender con nuestra mentalidad egocéntrica del siglo XXI. Sin embargo, cuando leemos la Biblia con la mentalidad enfocada en la soberanía de Dios y recordamos la trama que une los 66 libros, entendemos que con nuestra vida y con todo lo que sufrimos, somos partícipes de Su propósito. Eso no suena muy prometedor en una sociedad que le da prioridad a la búsqueda de la felicidad y la comodidad, pero quiero decirte que Dios nunca ofreció una vida fácil, Dios ofrece algo mejor... una vida con propósito y plenitud.

Cuando digo que la vida es injusta y que Dios es soberano, me refiero a que hay tantas cosas en la vida que no se pueden controlar y debemos evitar desperdiciar la vida culpando a Dios y cuestionando Su carácter y Su soberanía, cuando Él es quien puede redimir cada lágrima y nos invita a usar cada pieza rota de nuestra vida para vivir una historia de impacto y propósito.

Estoy consciente de que lo que escribí se ve bien bonito en papel. ¿Es tan sencillo como se lee? No. ¿Me gusta la idea de tener que navegar el sufrimiento en lugar de erradicarlo? Para nada. ¿Hay veces que el trauma y el dolor es más fuerte que nosotros? Sí. ¿He visto a Dios actuar y hacer que esto que digo sea verdad? Cien por ciento.

MENTALIDAD # 3: YO PUEDO CONTROLAR MIS DECISIONES Y DETERMINAR EN QUIÉN CONFÍO

Una de las citas más poderosas de Jesús a Sus discípulos se encuentra en Mateo 16:24 (TLA):

> «Si ustedes quieren ser mis discípulos, tienen que olvidarse de hacer su propia voluntad. Tienen que estar dispuestos a cargar su cruz y a hacer lo que yo les diga».

En la Biblia hay un patrón que podemos identificar una y otra vez. Personas con debilidades, temores e inseguridades deciden creerle a Dios y tomar acción hacia lo que Él dice, aun arriesgando su vida y su reputación, para ver resultados sorprendentes.

Es cierto que Dios es soberano, pero poner nuestros deseos y caprichos a un lado para seguirlo es nuestra decisión. Ser Sus discípulos no es un estado de elite; ser Sus discípulos es decidir ser partícipes, y eso cuesta.

La Escritura en su esencia nos ofrece buenas noticias: que las personas llenas de defectos pueden conectar con Dios y ser parte de Su misión de salvar vidas, si así desean. El requisito es someter nuestros temores e inseguridades, asumir responsabilidad y hacer pacto con Dios para seguirle. Claro, esto no es fácil, pero qué bendición es saber que lo único que me separa de vivir en conexión con Dios es mi decisión, no mis imperfecciones.

AHORA SÍ ESTAMOS LISTOS

Bien, ahora que entendemos la trama de lo que vamos a leer y hemos alineado nuestras expectativas a la mentalidad correcta, es hora de comenzar a leer y entender la Biblia.

CAPÍTULO 7

¿QUÉ VOY A LEER?

La mejor forma de sacar provecho

A UN PASAJE BÍBLICO

es estudiarlo intencionalmente

La primera pregunta que debemos hacernos es: ¿Qué vamos a leer?

Yo sé que parece una pregunta obvia, pero al tener 66 libros, 1.189 capítulos y 31.103 versículos, no siempre es fácil decidir por dónde comenzar. El propósito de este capítulo es compartir contigo algunos ejemplos de métodos que yo uso para decidir qué leer en mi Biblia y darte ideas para que des el primer paso y crees el impulso para continuar leyendo y aprendiendo.

APLICACIÓN MÓVIL DE LA BIBLIA

Hay muchas aplicaciones móviles que puedes instalar en tu dispositivo móvil que te permiten tener la Biblia contigo en todo momento. Yo soy del equipo que prefiere las Biblias de papel, pero no puedo negar que es bastante conveniente tener una en el bolsillo para hacer alguna referencia al momento.

Independientemente de la aplicación que escojas, una de las funcionalidades que debe tener es la capacidad de enviarte un pasaje bíblico diario. No es casualidad que esta sea mi primera recomendación; los versículos diarios fueron mi primer método para buscar pasajes y estudiarlos en mi diario bíblico.

ASÍ ES COMO YO LO USO

Cada mañana, lo primero que hago cuando me levanto es... ir al baño. (No nos engañemos; no hay necesidad de aparentar ser los súper espirituales). Luego de prepararme en la mañana, abro la aplicación móvil de mi Biblia mientras desayuno y busco el versículo del día, el cual es bueno para una rápida reflexión mañanera. El único problema, por lo menos para mí, es que se me olvida el texto a mitad del día. En este caso, las ilustraciones bíblicas (Bible Journaling) son ideales porque te permiten meditar y revisitar versículos diarios y, al

añadir el lenguaje visual que estudiamos en la primera sección de este libro, tu cerebro los retiene de una manera única.

Si estás comenzando a practicar la ilustración bíblica o Bible Journaling, o si estás comenzando un hábito de estudiar la Biblia, este es un buen método para comenzar. Los ejercicios de práctica que vamos a hacer al final del libro usan versículos sacados de la aplicación móvil de mi celular. Yo aún la uso, pero con el tiempo se desarrolla más curiosidad y nuevas preguntas. Este será el método que usaremos para aprender el estudio que practicamos en este libro.

Yo creo que, mientras más vamos creando el hábito de conectarnos con Su Palabra, el Espíritu Santo va poniendo en nosotros más ideas y nos presenta nuevas cosas que descubrir en la Escritura, las cuales nos hablan según la temporada que estemos viviendo. Eso es lo que me ocurrió a mí. Al leer uno de los versículos sugeridos en mi teléfono móvil, el Espíritu Santo me llevó a conocer nuevos amigos en la Biblia, y tú también los vas a querer conocer.

PERSONAJES

Uno de los versículos sugeridos en mi aplicación móvil hablaba de José. Ni siquiera estaba leyendo un pasaje del libro de Génesis; estaba leyendo Salmos 105:19.

Estudiar la Biblia para conocer sus personajes es otra manera poderosa de crecer en la Palabra de Dios.

ASÍ ES COMO YO LO HAGO

Sin duda, lo primero que debo hacer es leer sus historias en la Biblia. A mí me gusta indagar más sobre su trasfondo y su perfil para conocer un poco más al personaje. En la próxima sección vamos a hablar sobre la importancia de estudiar el trasfondo de lo que leemos; por ahora, lo más importante de estudiar la historia de un personaje bíblico es quitarnos el lente de que estamos leyendo sobre un protagonista de mitología o un súper héroe de las tiras cómicas. La Biblia narra las historias de seres humanos como tú y como yo, que fueron invitados a participar en hazañas casi imposibles y se atrevieron a hacerlo. Cuando estudies un personaje de la Biblia, toma nota de sus debilidades, de cómo maneja sus emociones, de las veces que sintió temor o ansiedad; esas son las cosas que nos hacen humanos y los héroes bíblicos no eran la excepción. ¿Por qué esto es importante? Porque la idea es que nos veamos reflejados en estas personas.

Cuando era pequeño, yo visualizaba a estos personajes como gente perfecta... (Por algo Dios los habrá usado, ¿no?). Cuando uno es niño es fácil crear estas fantasías y querer ser como estos héroes bíblicos. Cuando eres adulto, esa imagen de personas que parecen fantásticas va creando una barrera entre nosotros y la Biblia. La mentalidad de que ya estamos viejos para esas fantasías se va apoderando de nuestra mente hasta que lo que leemos deja de tener sentido.

La idea de las historias bíblicas es que descubramos que, detrás de los relatos de estos héroes, hay un ser humano que decidió confiar en Dios. Por eso es que la Biblia no esconde los defectos, las malas decisiones, los desbalances emocionales ni las inseguridades de estos personajes, porque es allí donde nos vemos nosotros. La conclusión a la que Dios quiere llevarnos cuando conocemos estas personas es que, de la misma manera que el Señor contó con ellas para cumplir un propósito y causar un gran impacto en la humanidad, Él quiere contar contigo para manifestar Su propósito de impactar y salvar vidas.

Seguramente habrás notado que, cuando hablo de la imperfección de los héroes de la Biblia estoy usando un tono absolutista. ¿Y qué de Jesús? Seguramente Él es un caso aparte a estas personas imperfectas. Sí, es cierto que Jesús es un modelo perfecto de humanidad, pero sigue siendo un ser humano. Jesús nunca le huyó a Su humanidad. Los Evangelios lo muestran llorando, preocupado y hasta indignado en ciertos momentos. Cuando conocemos más sobre el trasfondo de Jesús y lo conectamos con las historias de los Evangelios, encontramos que Él es el ejemplo principal de lo que debe ser nuestro caminar en la vida, aun con los defectos que nos hacen humanos. Para mí es interesante cómo la Biblia sugiere que usemos las historias de sus héroes para inspiración y aprendizaje, pero en el caso de Jesús, Él mismo nos invita a seguir Su ejemplo en Juan 13:15. En otras palabras, estudia a los héroes de la Escritura como modelos para inspirar nuestra fe, pero en el caso de Jesús, la invitación es a imitarlo con nuestra vida.

PLAN DE LECTURA Y DEVOCIONALES

Los planes de lectura son programas en los que lees una cantidad de pasajes bíblicos según una agenda. Los programas más populares son aquellos para leer la Biblia en un año o en 90 días. También puedes encontrar más planes de lectura especializados en temas como matrimonios, paternidad, liderazgo y muchos más. Aquí es donde la línea entre los planes de lectura y los devocionales se hace más fina.

Los devocionales toman un pasaje y desarrollan una reflexión, así como la aplicación práctica, alrededor del mismo. Básicamente hacen lo que estamos aprendiendo a hacer en este libro.

En lo personal no he tenido muchos resultados con estos métodos. No digo que no sean buenos para encontrar pasajes para estudiar, pero no han sido tan efectivos para mí. Primero, un plan de lectura (Cómo leer la Biblia en un año, por ejemplo) tiene una cantidad de pasajes para leer cada día a fin de seguir el programa. Cuando yo lo intenté, compré una agenda para escribir notas para los pasajes diarios, pero nunca cumplía con la agenda porque me atrasaba estudiando alguno de los versículos. Como los programas de lectura van corriendo contra el reloj, es un poco difícil detenerse y estudiar lo que uno está leyendo. Yo creo que un plan de lectura calendarizado y tener un espacio de conexión con la Palabra reaccionando visualmente (Bible Journaling) se prestan para ser actividades separadas, a menos que estés dispuesto a realizar tu tiempo de estudio ignorando las fechas límites sugeridas.

Algo que puedes hacer es seguir tu plan de lectura y, una vez que cumplas con los pasajes requeridos del día, saca un tiempo para detenerte en algunos de los versículos que más te hayan impactado en ese estudio. Si no encuentras pasajes para estudiar ese día, puedes buscar en los días que ya cubriste; estoy seguro que siempre vas a encontrar algo.

QUÉ DICE LA BIBLIA SOBRE...

Buscar qué dice las Escrituras sobre un tema en particular es una de las mejores formas de estudiar la Palabra. Muchas veces ella desarrolla un tema a través de sus 66 libros y es interesante ir descubriendo cómo cada libro va añadiendo un poco más a lo que la Biblia tiene que enseñarnos.

Yo he notado dos formas particulares (estoy seguro que existen más) en que la Biblia nos enseña sobre un tema. La primera es la forma literal. Cuando la Biblia habla del amor o del pecado, menciona los conceptos y nos comparte lo que debemos aprender. Filipenses 4:6 habla sobre la ansiedad y la menciona de manera directa. Luego en el versículo 8, nos dice cómo contrarrestar los pensamientos que nos causan ansiedad: sustituyéndolos por otra clase de pensamientos.

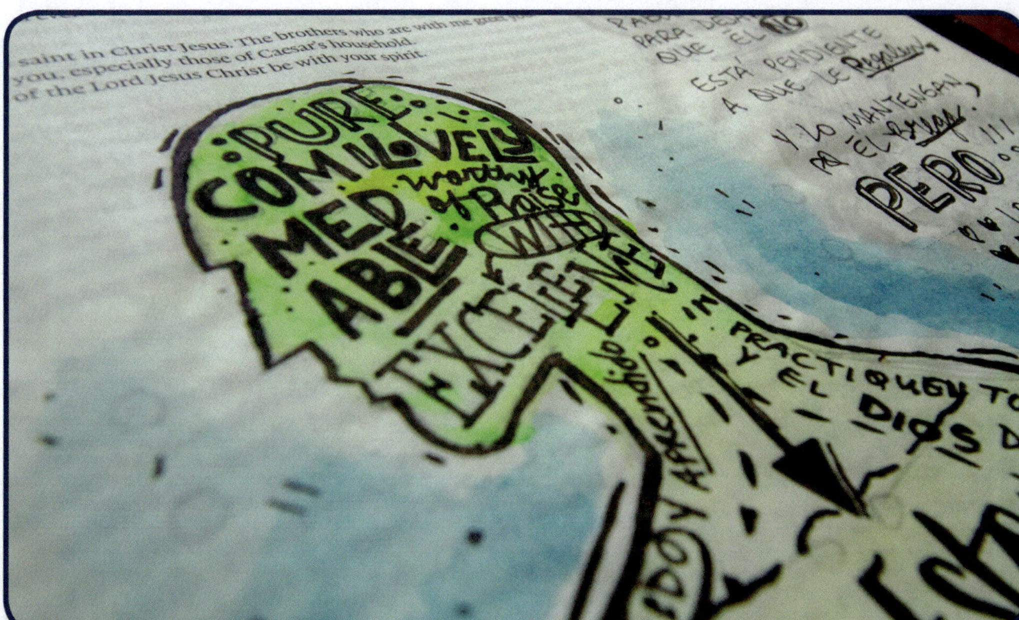

La otra forma en que he aprendido lo que la Biblia dice de un tema es a través del método aplicativo. En lugar de mencionar el concepto de forma explícita, la Biblia nos muestra una aplicación o una historia que ilustra el concepto que quiere enseñar. Recuerdo que una vez quería saber qué decía la Biblia respecto al peligro de sobrecargarnos con tareas por complacer a todo el mundo. Hasta ahora no he visto un pasaje que diga «Aprende a decir que no y evita el exceso de cargas», pero sí encontré una gran conversación entre Moisés y su suegro Jetro, en Éxodo 18:13-23.

Jetro le da a Moisés (y a nosotros) una gran lección de liderazgo saludable, jerarquía organizacional y el poder de delegar sin usar directamente estas palabras.

Cuando yo quiero estudiar lo que dice la Escritura sobre un tema en particular, usualmente uso una de dos herramientas: la concordancia de la Biblia o Google.

LIBRO

Tarde o temprano tu curiosidad va a pasar de pasajes, personajes y temas y va a querer aventurarse más a entender los libros de la Biblia. Estudiar los personajes, los temas y los versículos individuales muchas veces nos va a llevar a querer saber qué está pasando en el marco del texto. Sin embargo, estudiarlo a veces puede ser un poco confuso y frustrante porque requiere que uno profundice el estudio para entender el trasfondo del libro. En el próximo capítulo vamos a hablar más sobre trasfondo y contextos, pero lo importante que quiero que sepas ahora es que, una vez que entiendas mejor un libro de la Biblia, vas a encontrar una gran fuente de inspiración y aprendizaje.

Muchas Biblias, particularmente las de estudio, tienen introducciones al inicio de cada libro. Yo recomiendo que leas estos resúmenes antes de tu estudio para que tengas un panorama más amplio de lo que está ocurriendo, y recuerda las ideas importantes que debes tener presente cuando comiences a leer. Estas notas introductorias me ayudaron mucho para entender el Libro de Nahúm. De hecho, al leer este texto tomé la decisión de formar el hábito de leer las notas introductorias antes de comenzar a estudiar. Cuando leí el Libro de Nahúm, primero lo hice por completo y no entendí mucho de lo que estaba ocurriendo (y reconozco que no le di mucha importancia). Como no me sentía satisfecho con lo que había aprendido (o sea, nada), decidí leer los comentarios sobre el texto y en ellos pude entender muchas cosas que estaban ocurriendo en el contexto del libro. Entonces sentí que había descubierto una mina de oro de sabiduría. (Nota: si vas a leer Nahúm, asegúrate de leer antes el Libro de Jonás).

ASÍ ES COMO YO LO HAGO

Cuando voy a estudiar un libro, trato de comenzar bastante preparado de antemano. Siempre procuro tener una noción de la estructura del libro, de las ideas principales, y así por el estilo. De este modo inicio con una mentalidad bastante clara y me permite extraer enseñanzas y aplicaciones; a medida que avanzo en la lectura, me detengo luego de cada capítulo para tomar mis notas.

A mí me funciona mejor tomar mis notas en una libreta aparte que en la misma Biblia de apuntes porque la libreta me brinda más espacio. Cuando vas a estudiar un libro, un capítulo a la vez, se necesita más espacio. Por ejemplo, estas son mis notas del Libro de Esdras. Las tomé en una libreta aparte porque los márgenes de mi Biblia no me daban para plasmar todas estas ideas del primer capítulo.

Algo que comencé a hacer recientemente en mi Biblia es un resumen del trasfondo y las ideas principales del libro, ya sea al principio o, a veces, al final. No siempre tiene que ser un resumen extenso ni elaborado; sencillamente puedes plasmar las ideas que necesitas para entender mejor de qué trata el texto. Para el Libro de Nahúm no requerí mucho espacio para anotar el contexto que me ayudó a entender lo que estaba ocurriendo en este libro profético.

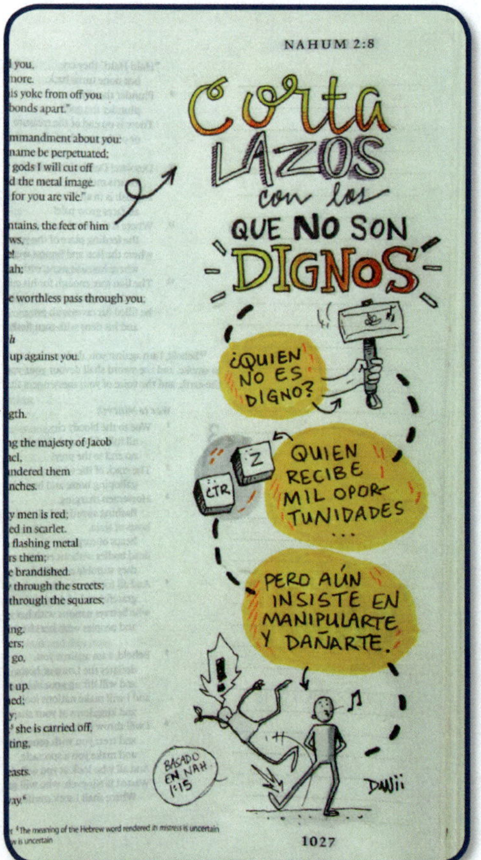

Estas son las fuentes de las que yo extraigo los pasajes que quiero estudiar y compartir con otras personas, ya sea por medio de mis guías de estudio, mis charlas o mis predicaciones. Nuevamente te recuerdo que estas no son las únicas fuentes de pasajes bíblicos que existen; estoy seguro de que el Espíritu Santo utilizará muchas otras fuentes de inspiración para llevarte a estudiar la Palabra. Yo he estudiado pasajes bíblicos motivado por una nueva visita a los textos que no entendía cuando era pequeño y también he regresado a textos que alguien usó para apoyar una herejía y así verlos desde una luz correcta.

Muchas veces el Espíritu Santo va a colocar en ti preguntas y sospechas cuando escuches ideas traídas por supuestos líderes. Te invito a que hagas caso a esas inquietudes y evalúa cada idea frente a la Palabra de Dios en el contexto correcto y con la mentalidad apropiada. No te sientas mal cuando tengas una duda y necesites llevarla a la Palabra. Es más, a mí me hacen lo mismo muchas de las personas que me siguen en las redes sociales o leen mis estudios bíblicos. Cuando comparto algo que aprendí en la Biblia, siempre hay alguien que me pregunta en qué pasaje aparece lo que estoy diciendo. Aunque soy de los que prefiero que la gente escudriñe la Biblia por su cuenta, no me incomoda que me pregunten dónde la Biblia respalda lo que yo digo, porque yo hago lo mismo y tú también deberías hacerlo.

Sin importar la fuente que uses para descubrir un pasaje bíblico, la mejor forma de sacarle el mayor provecho es estudiarlo intencionalmente. Una lectura intencional no es leerlo dos o tres veces y tratar de memorizarlo; más bien, requiere un método, y eso es exactamente lo que vamos a descubrir en los próximos capítulos: un método que yo simplifiqué para mi beneficio y que me ha ayudado a extraer mucha sabiduría de la Biblia. Ahora tú lo vas a aprender.

CAPÍTULO 8

MÉTODO DE LECTURA INTENCIONAL, PARTE 1

Cuando sacamos la Palabra

FUERA DEL CONTEXTO ADECUADO, ESTAMOS SIENDO INJUSTOS CON

la verdad que comparte la Biblia

A continuación te comparto una historia real, aunque me temo que yo no soy el único a quien le ha ocurrido. Esta historia toma lugar en mis años de adolescencia, cuando la inocencia de la infancia se va y el mundo comienza a mostrarnos que las cosas no son tan fantásticas como pensábamos. Yo había escuchado testimonios de personas que abren sus Biblias al azar y caen en un pasaje que les habla a sus vidas de forma muy especial; así que quería probar lo mismo. En ese tiempo tenía una visión mágica de la Biblia y yo anhelaba ver esa magia en acción. Sin embargo, en lugar de magia, me encontré con una lección valiosa que sentó las bases para vivir una fe saludable. Es más, en vez de contarte la historia te la voy a mostrar; yo creo que a este libro le vendría bien un poco de arte secuencial.

ASÍ QUE FUI A LA BIBLIA
Señor, habla a tu hijo.
Y ORÉ POR DIRECCIÓN
De tín Marín de dos...
Pingüé
MALDICE A TU DIOS Y MUÉRETE

Si vamos a leer la Biblia con la intención de crecer como personas holísticas, necesitamos leerla con un sistema que nos ayude a extraer sabiduría.

Yo soy ingeniero de software (en serio, ese es mi diploma universitario y mi carrera formal hace ya once años) y parte de mi trabajo es crear sistemas que faciliten la forma de hacer las cosas.

Por ejemplo, desarrollé un sistema que restauraba información perdida de pólizas de seguros. Ese proceso se hacía de forma manual y a nadie le importaba porque me tocaba hacerlo a mí cada vez que aparecía un caso de información perdida. Afortunadamente ese tipo de caso no se daba muy a menudo, pero cuando ocurría me tomaba medio día restaurar los datos de una sola póliza. Cuando me harté de desperdiciar cuatro horas o más en una sola póliza, desarrollé una aplicación que sistemáticamente restauraba la información; solo necesitaba un poco de indicación de mi parte y en más o menos diez minutos tenía una póliza lista.

No todos los métodos tienen que ser aplicaciones de computadora; también pueden ser una serie de pasos a seguir que nos dan claridad, dirección y seguridad para atender un proceso.

Antes de aprender un sistema, yo leía la Biblia sin descubrir las profundidades que tenía para mí; pero eso cambió y va a cambiar para ti también.

Hay muchos métodos para leer la Biblia y todos suenan como si necesitáramos un doctorado en Teología, así que yo te voy a enseñar un método popular y simplificado para gente como tú y como yo, que lo único que queremos es conectarnos con la Palabra de Dios, reaccionar de forma visual y aplicarla a nuestra vida.

El sistema se llama **Método inductivo** y consiste de tres pasos (bueno, cuatro si contamos la oración antes de empezar) para filtrar nuestra lectura: *Trasfondo, Análisis, Aplicación.* Estos pasos se utilizan sin importar si estás leyendo un versículo solamente, un capítulo o todo un libro.

En este capítulo y en el siguiente vamos a explorar cada paso de este método y luego vamos a unirlo todo con nuestro lenguaje visual para proceder a hacer nuestro propio devocional creativo.

TRASFONDO Y CONTEXTO

La importancia de tener en mente el contexto y el trasfondo de un pasaje es que nos ofrece un marco para entender la historia completa de lo que estamos leyendo y la intención original del autor del pasaje (Dios y la persona que lo escribió). El peligro de leer fuera de contexto es que entendemos algo de manera literal o lo interpretamos erróneamente. En el peor de los casos, podemos asumir como «doctrina» un pensamiento que es por completo incorrecto.

En uno de los estudios bíblicos de grupo pequeño que tenemos en la iglesia donde asisto, estábamos estudiando el Evangelio de Juan, en particular, las últimas horas de Jesús. Yo no sé si en tu iglesia ocurre lo mismo, pero en la mía, cada vez que hablan de Judas se forma un debate sobre si él fue al cielo o no por el hecho de haberse quitado la vida. Uno de los hermanos que estaba presente en el estudio estaba empeñado en demostrar que el suicidio es un pecado que garantiza la entrada al infierno sin oportunidad de redención de parte de Dios. El pastor que facilitaba la reunión no concordaba con su argumento, pero el caballero no estaba dispuesto a rendirse fácilmente. En realidad, a mí no me sorprendía su postura porque cada vez que él abría la boca para opinar, sus oraciones comenzaban de la misma manera:

«Verán, el diablo...».

Lo que sí me sorprendió era la olla de disparates que esta persona estuvo dispuesta a decir con tal de argumentar su punto. El hombre saca su Biblia y lo veo bien enfocado buscando algo mientras el resto del grupo continúa el estudio. De momento, endereza su postura y se desliza hacia al borde de su silla... aparentemente encontró lo que estaba buscando y nos iba a dar la lección de la vida.

«Aquí está —replicó el caballero—. Lo primero que deben tener claro es que el suicidio es blasfemia, y si entendemos esa realidad, vamos a entender lo que dice este versículo».

Entonces comenzó a leer Marcos 3:29, donde habla sobre cómo la blasfemia contra el Espíritu de Dios es un pecado imperdonable. Esto, mis amigos, no solo es un disparate, sino que también, en mi opinión, eso raya en herejía. Pero eso es lo que ocurre cuando no somos cuidadosos en entender el trasfondo y la definición de una palabra como «blasfemia» y la vemos como un término vacío donde podemos colocar cualquier idea que se nos ocurra para adoptar una mentalidad elitista disfrazada de espiritualidad.

Ahora, no siempre sacamos textos fuera de contexto para satisfacer nuestro ego; otras veces lo hacemos con la mejor de las intenciones; aun así, sigue siendo igual de peligroso.

Uno de los pasajes más famosos en la Biblia es Filipenses 4:13, que seguro lo conoces: *Todo lo puedo en Cristo que me fortalece.* Este es un pasaje hermoso, pero también es uno de esos que, históricamente, ha sido muy sacado de contexto. Mucha gente, bien intencionada, usa este pasaje para motivar e inspirar a otras personas. Usualmente viene atado al discurso de que uno puede lograr todo lo que se proponga, que no hay sueño que no podamos hacer realidad. Entonces añaden a Cristo a la receta para cubrir todas las bases y que no suene tan a Nueva Era. Yo creo que es importante tener metas, pero también creo que debemos ser cuidadosos con las expectativas y, más aún creo (mejor dicho, sé), que en Filipenses 4:13 Pablo no estaba hablando de cumplir metas.

Vamos al contexto del versículo citado. Pablo escribió esta carta a los Filipenses porque uno de los miembros de la iglesia fue a visitarlo mientras él se encontraba en prisión. Además de las noticias de la iglesia, la congregación le envió al apóstol unas provisiones para que él pudiera estar mejor. Cuando llegamos a Filipenses 4:13, Pablo está agradeciendo a la iglesia por la ofrenda que le están enviando, pero quiere asegurarse de que los hermanos no se sientan presionados a enviar ofrendas ni a mantenerlo porque él ha sabido manejar tanto las situaciones de prosperidad como las situaciones de escasez y adversidad gracias a la fortaleza que Dios le había dado. Dime tú si el contexto del pasaje habla de cumplir metas y sueños. No, ¿verdad? Sí, el pasaje es inspirador, pero lo es porque nos habla de la capacidad que Dios nos da para sobrellevar y redimir las diferentes temporadas que encontramos en la vida.

Yo creo que, cuando veamos a Filipenses 4:13 dentro del marco correcto, vamos a encontrar una lección mucho más profunda, hermosa y poderosa sobre la realidad de Dios en nuestra vida. El contexto elimina una fantasía que está lejos de la realidad y que lastima la relevancia del evangelio. Cuando vamos al contexto podemos encontrar a un Dios que rehúsa abandonarnos en medio de las temporadas de sufrimiento;

nos muestra un Dios que reconoce que el sufrimiento es inevitable y es parte integral de la experiencia de vida, pero que nos fortalece tanto como lo hace en medio de las temporadas de abundancia y felicidad, o más. Filipenses 4:13 nos enseña que la fidelidad de Dios es constante en medio del vaivén de las etapas en la vida. Cuando sacamos la Palabra fuera del contexto adecuado, estamos siendo injustos con la verdad que comparte la Biblia y estamos participando en un tipo de chisme bíblico.

CÓMO EXTRAER EL CONTEXTO CORRECTO CUANDO LEEMOS

Para descubrir el contexto utilizando el Método inductivo, yo uso tres técnicas que me han ayudado mucho. A veces uso solo una de ellas, otras uso dos y otras veces uso las tres.

1. LEE LOS VERSÍCULOS ALREDEDOR

Digamos que encontraste un versículo interesante en la aplicación de tu dispositivo móvil. Muy bien. El próximo paso es leer qué dicen los versículos que están antes y luego los que están después. Si aún no tienes una idea clara, lee la sección completa. Si aún tienes dudas, lee el capítulo entero.

Yo usé este método para entender el pasaje que dice: «El reino de los cielos sufre violencia, y los violentos lo arrebatan» (Mat. 11:12, RVR1960). En mi infancia, muchos predicadores usaban este texto aislado para hablar de la importancia de ser agresivos en defender el evangelio para que Dios nos deje entrar al cielo. Por muchos años esa interpretación me causaba conflicto porque, para mí, no tenía sentido. Ahora, de adulto, me senté a leer el pasaje junto con los versículos que lo rodean y lo que encontré fue a un Jesús que se muestra frustrado por las oposiciones violentas que amenazan con detener Su misión. Básicamente este pasaje habla del reto que implica seguir a Cristo y los desafíos intelectuales, legales y violentos que vamos a enfrentar cuando le creemos a Dios. El contexto de este versículo nos muestra a un Jesús que también tuvo que manejar la frustración, pero que no se detuvo porque tenía una visión clara. Eso nos da esperanza para cuando vamos tras una meta y enfrentamos momentos de frustración.

2. BUSCA EL TRASFONDO DEL LIBRO

Presenté esta idea levemente en el capítulo anterior. Recuerda que un versículo es parte de un libro, y ese libro tiene un objetivo. Originalmente, cada libro de la Biblia se escribió como un todo, no se escribió pensando en versículos ni capítulos. Las epístolas de Pablo fueron cartas escritas a personas. Imagínate si tú envías un correo electrónico y la gente solo lee y usa una oración en el segundo párrafo como si fuera lo único que tú dijiste.

Por otro lado, hay libros que son una colección de escritos, en cuyo caso puedes buscar el trasfondo de una sección en particular. El mejor ejemplo son los Salmos.

La mejor manera de extraer un trasfondo es hacer las siguientes preguntas: ¿Quién es el autor y para quién está escribiendo? ¿Dónde y cuándo escribió? ¿Cuál es el objetivo detrás de este escrito? ¿Qué género literario usa el autor? Estas preguntas nos ayudan a colocarnos en la época y la cultura detrás del escrito para tener una perspectiva correcta de lo que se está diciendo.

Un ejemplo del trasfondo en acción está en el Salmo 23. Cuando leemos oraciones como «lugar de delicados pastos», es fácil imaginarse campos y montes forrados de verde. Sin embargo, en el trasfondo del cántico, eso no es así. Si aplicamos estas preguntas al Salmo 23, vamos a extraer muchas ideas que no habíamos considerado antes.

¿Quién es el autor y a quién le escribe? El autor es David, un pastor de ovejas que se convirtió en rey. Él compone esta canción para recordarse a sí mismo y al pueblo del cuidado que Dios tiene de nosotros.

¿Dónde y cuándo se escribió? Aunque no se sabe el lugar exacto donde se escribió el Salmo, los expertos en la cultura israelita sí conocen el tipo de campos donde

David y muchos pastores en Israel pastoreaban sus rebaños. David pastoreaba en los campos de Israel, terrenos que no están exactamente forrados de pastizales verdes, sino que tienen puñados de pastos escondidos debajo de las rocas que el pastor debe levantar para que las ovejas puedan comer. El trabajo de las ovejas es estar preparadas para tomar acción mientras que el pastor se encarga de encontrarles su provisión para comer.

¿Cuál es el objetivo? David usa su experiencia como pastor para mostrarnos cómo Dios nos cuida y nos guarda. Su tarea anterior sin duda le ayudó a comprender tanto las características de una oveja como las responsabilidades de un pastor, y en este cántico expresa la completa dependencia y la confianza que debemos depositar en Dios.

¿Qué género literario usa el autor? El Salmo se ha escrito en un estilo poético o puede ser también una canción. Se emplea un paralelismo para demostrar un punto desconocido usando imágenes que son reconocidas. Si entendemos cómo se pastoreaba en la época de David, vamos a entender lo que el salmista nos quiere mostrar acerca del cuidado que Dios tiene con nosotros.

3. BUSCA COMENTARIOS BÍBLICOS

Los comentarios bíblicos son profundos análisis hechos por personas que han estudiado la Biblia antes que nosotros. Cuando se trata de contestar las preguntas de trasfondo o explorar los contextos busco la información en estos valiosos recursos.

Un buen ejemplo sobre el uso de comentarios bíblicos, para tener una mejor perspectiva, es cuando leí Colosenses 1:15-18 (RVR1960).

> «El es la imagen del Dios invisible, el primogénito de toda creación.
> Porque en él fueron creadas todas las cosas, las que hay en los cielos y las que hay en la tierra, visibles e invisibles; sean tronos, sean dominios, sean principados, sean potestades; todo fue creado por medio de él y para él.
> Y él es antes de todas las cosas, y todas las cosas en él subsisten; y él es la cabeza del cuerpo que es la iglesia, él que es el principio, el primogénito de entre los muertos, para que en todo tenga la preeminencia».

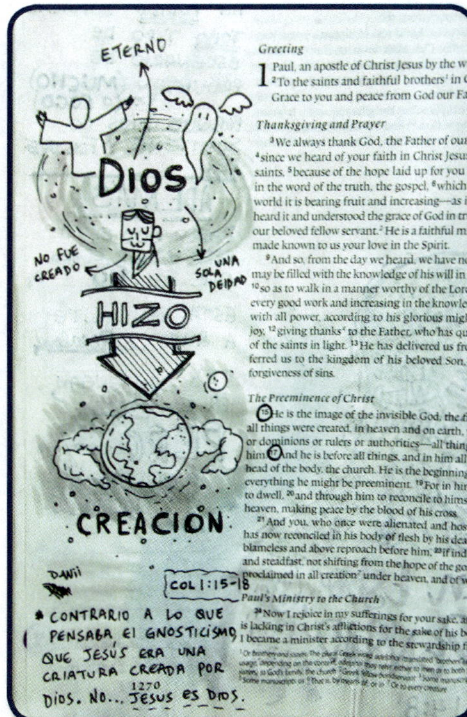

La selección de palabras usadas por Pablo me resultó difícil de entender, por lo que necesitaba refuerzos. Tras la lectura de un comentario bíblico descubrí que Pablo había escrito a una iglesia que estaba tratando de consolidar el evangelio con una serie de teorías gnósticas que pintaban a Jesús como una criatura más dentro de la creación.

Ahora te invito a que leas el pasaje nuevamente y dime si tiene más sentido. Para mí el texto adquirió sentido y pude entender que Pablo estaba colocando a Jesús como el Señor de la creación y, por ende, Señor de nuestra vida.

ALGUNAS IDEAS PARA ENCONTRAR CONTEXTOS

Igual que las fuentes para encontrar pasajes, hay una gran cantidad de recursos para estudiar los contextos detrás de la Biblia.

A continuación, una lista pequeña de los materiales de referencia que uso:

- La Biblia. De nuevo, las Biblias de estudio, particularmente las que son especializadas, tienen mucho contenido de trasfondo, versículos de referencia cruzada y, en algunos casos, comentarios y ensayos con abundante información.
- El Proyecto Biblia [The Bible Project]. Esta es una organización sin fines de lucro que estudia la Biblia de forma visual. Su contenido está muy bien estructurado y es bastante accesible.
- Textos y estudios bíblicos. Hay textos y estudios que te sumergen en los libros de la Biblia. Muchos se han preparado con un lente aplicado a nuestra época contemporánea.

- Google. Sí, lo sé... no es muy espiritual que digamos. Pero en internet hay una gran cantidad de ensayos y artículos (que hay que filtrar bien, claro) que nos pueden ayudar a descubrir ángulos que nunca habíamos considerado. Una de mis búsquedas más comunes cuando quiero descubrir sobre el trasfondo bíblico, es la siguiente: «Trasfondo bíblico de __________». El espacio en blanco lo completo con un libro de la Biblia, un tema, un personaje o hasta una nación como los edomitas o madianitas.

Una vez tenemos una mirada un tanto más clara de lo que está ocurriendo en el pasaje que estamos leyendo, podemos profundizar el estudio y analizar las palabras claves para descubrir cosas nuevas.

CAPÍTULO 9

MÉTODO DE LECTURA INTENCIONAL, PARTE 2

Estudiar la Biblia

ES BUENO PORQUE NOS AYUDA A

conocer mejor a Dios

Todavía no estoy seguro de si la manzana es mi fruta favorita. Existen muchas frutas deliciosas y no sería justo escoger una sola... a menos que consideremos como fruta las crepas de banana y Nutella, entonces esa es mi fruta favorita. Pero, de todas las manzanas que existen, mi favorita es la manzana verde. Por mucho tiempo, tenía un hábito con mi forma de comerme las manzanas que solía sacar de quicio a mi abuelo. A mí me gusta el sabor agridulce de la manzana verde; así que, lo que hacía era morder hasta que se acabara la cáscara y luego la desechaba, aunque aún quedaba mucha pulpa dulce.

Mi abuelo me veía y me gritaba:

«Pero mijo, si esa es la parte más dulce y nutritiva de la manzana. Estás desperdiciando la mejor parte».

Ahora ya me como toda la manzana, pero la vida da vueltas... hoy es mi sobrino quien se come solo la pulpa y afeita la cáscara y la bota a la basura. Siembra y cosecha.

Cuando profundizamos en el contexto de los pasajes que leemos, podemos entender mucho mejor lo que la Biblia nos quiere enseñar para aplicarlo a nuestra vida. A decir verdad, uno puede tener un espacio devocional bastante completo con un poco de contexto, pero eso es el equivalente de comernos solamente la cáscara de la manzana y dejar atrás la pulpa dulce y nutritiva.

En nuestro espacio devocional, la pulpa es el tiempo de análisis e interpretación de lo que leímos. En la cáscara vimos a quién le escribieron esos pasajes y para qué, pero en la pulpa vamos a descubrir la riqueza de las palabras que estamos leyendo.

¿Por qué es importante sentarse a interpretar lo que estamos leyendo?

Todo erudito de la Palabra con títulos en Teología te dará una explicación académica de por qué es bueno sentarse a analizar e interpretar lo que leemos. Como yo no soy nada de eso, te voy a dar mi razonamiento porque me di cuenta de lo importante que es analizar lo leído. La Biblia no fue escrita en nuestro tiempo, ni en nuestra cultura ni en nuestro idioma. Para entender y aplicar la Palabra, debemos cambiar el lente del siglo XXI y tratar de ver lo que está escrito según su época para luego aplicarlo en nuestro diario vivir.

Para capturar la esencia de la Escritura no hay que rebuscar mucho, pero ella tiene palabras claves que pueden desatar una fuente rica de sabiduría y eso es lo que debemos explotar.

La Biblia ha pasado por innumerables revisiones en sus traducciones y paráfrasis, y eso trae cada vez más controversia, pero al mismo tiempo ofrece una mayor oportunidad de tener más claridad en lo que dice su mensaje. La Palabra fue escrita en formas de hebreo y griego que no se usan hoy día y hay palabras que, al exportarlas al español, no siempre acarrean exactamente el mismo significado, por lo que los traductores de los manuscritos más antiguos usaron aproximaciones que les permitieran transmitir la esencia del mensaje. Es por esto que las Biblias más antiguas, tales como la Reina Valera 1960, son un poco difíciles de entender.

Gracias a Dios, la tecnología y los hallazgos han ayudado mucho a ofrecernos traducciones más cercanas al texto original, paráfrasis con nuestra lengua contemporánea y herramientas como diccionarios de los idiomas originales.

Quiero mostrarte el proceso que utilizo para hacer mi análisis en mis devocionales. Para esto, vamos a examinar e interpretar un pasaje sencillo: «Jesús lloró» (Juan 11:35). El contexto de este corto versículo implica que Jesús llegó al funeral de Su amigo Lázaro y, al ver a la gente tan triste, Jesús se conmovió y lloró.

Bien, vamos a analizar este corto pasaje:

PASO 1. IDENTIFICAR PALABRAS CLAVES

Identificar palabras claves es un ejercicio bastante fácil. ¿Cuáles son las palabras que contienen el significado y el mensaje que estás leyendo? Por ejemplo, en un texto como el que estamos examinando, las palabras claves son «Jesús» (obviamente) y «lloró».

Sin embargo, este segundo término es el que provee el enfoque principal de lo que está pasando, y es clave porque, si cambio un poquito la palabra o la expresión, el texto podría enseñarme algo distinto. Por ejemplo, no es lo mismo decir «Jesús lloró» que decir «A Jesús se le humedecieron los ojos» o «Jesús estaba en un mar de llanto».

Y yo sé que estoy usando una frase para sustituir una palabra, pero en muchos lenguajes una sola palabra puede ser el equivalente a alguna de estas frases.

PASO 2. LEER EL PASAJE EN DIFERENTES TRADUCCIONES. ¿USAN PALABRAS DIFERENTES? ¿SE ENTIENDE MEJOR?

Cómo dije, cada traducción presenta una revisión a cómo se interpretan los textos originales y va enfocada a una población en particular. Estudiar las diferentes versiones es bueno porque nos permite polarizar el mensaje detrás del pasaje. Las versiones que yo uso son bastante accesibles: Reina Valera (RV), Nueva Traducción Viviente (NTV), Traducción en Lenguaje Actual (TLA), Nueva Versión Internacional (NVI) y versiones en inglés. No te preocupes, tu aplicación móvil seguramente tiene todas estas versiones integradas. A veces voy a páginas web como La Biblia Paralela y Bible Gateway para explorar más versiones.

En el caso de Juan 11:35, casi todas las versiones usan la palabra «lloró», pero la TLA usa la expresión «Jesús se puso a llorar». Esta versión me pareció interesante, pero antes de brincar a conclusiones, quise ver cómo aparece este versículo en inglés. La expresión usada es «Jesus wept». Ah, ahora sí se puso interesante, porque en inglés hay diferentes expresiones para «llorar» y cada una tiene un matiz diferente. Uno puede usar distintas palabras para describir la acción de llorar, dependiendo de la intensidad que se quiera darle, por ejemplo:

- *Wept* [apenarse; llorar intensamente]: Se usa cuando uno llora para expresar el dolor que uno siente. En otras palabras, es dolor manifestado en lágrimas.

- *Sob* [sollozar; llorar hasta quedarse dormido]: Es una forma de llorar un poco más dramática, donde uno expulsa aire de forma intermitente. Esta palabra se parece al estilo de llorar de la Chilindrina en la serie del Chavo del Ocho.

- *Wail* [lamentarse; gemir]: Esta forma de llorar es 100 % drama y pasión. Este es el estilo donde el llanto es casi un grito, el rostro se distorsiona y uno no sabe si es que la persona se está convirtiendo en fantasma.

De todas estas expresiones, la versión en inglés usa la palabra *wept* para describir la acción de Jesús. ¿Interesante, no? Vamos a profundizar un poco más; vayamos al griego, el lenguaje original.

PASO 3. USA UN DICCIONARIO DE HEBREO Y GRIEGO

Es interesante que, cuando uno escucha un predicador decir el significado en griego de una palabra, uno ve a la persona tan lejos espiritualmente... ¡allá arriba en el Sinaí! La realidad es que estas son herramientas que no solo están disponibles para todos, sino que estamos invitados a aprovecharlas. R. C. Sproul, en su libro *Cómo estudiar e interpretar la Biblia*, expresa: «Fallamos en nuestro deber de estudiar la Palabra de Dios, no tanto porque sea simple y aburrida sino porque es trabajo. Nuestro problema no es de falta de inteligencia o de pasión; nuestro problema es que somos perezosos».[1] Esta cita es bastante certera, y debo admitirlo, me incluye a mí también.

Antes no había forma de saber la palabra clave en el texto original sin tener acceso a una librería privilegiada. Ahora, una búsqueda en Google te da las herramientas que necesitas, o puedes comprar una Biblia con diccionario hebreo-griego incluido. Este es un buen tiempo para estar vivos y conectarnos con Dios.

La palabra en griego que describe Juan 11:35 es *dakruō* que significa «lamentarse con lágrimas». Yo creo que ya tenemos una hermosa reflexión en las manos que podemos compartir con total seguridad.

Ahora, demos paso a la curiosidad y hagamos un paso adicional.

PASO 4. USA LAS REFERENCIAS A OTROS PASAJES

¿Has notado que, en algunas versiones, en los márgenes de tu Biblia hay unas referencias a otros pasajes bíblicos en otros libros? Estos son pasajes donde ocurren situaciones similares o se hace referencia a otros acontecimientos que aparecen en la Biblia.

Cuando verifico algunos versículos de referencia, encuentro pasajes dentro del Nuevo Testamentos y también en el Antiguo Testamento. Algunos ejemplos son: Juan 11:33 (claro), Job 30:25, Salmos 119:136, Jeremías 14:17. En estos pasajes podemos notar dos denominadores comunes entre ellos: 1) Las lágrimas como manifestación del dolor. 2) El dolor que nace de la compasión, en otras palabras, el dolor de otro se hizo mi dolor.

BUENO, VAMOS A INTERPRETAR LO QUE LEÍMOS EN JUAN 11:35

Con base en el contexto que leímos, Jesús vio el dolor de las personas que lloraban la muerte de su amigo Lázaro e hizo suyo ese dolor. Según las palabras que se usan en el griego y en inglés, ese dolor causó que el Señor se detuviera porque no pudo contener Su dolor y lo llevó a llorar. Notemos que no es un llanto dramático ni un llanto para que los demás vieran cuánto Él amaba a Lázaro. Juan 11:35 muestra un gesto genuino de un Dios que, aún sabiendo que iba a revivir a Lázaro, tuvo compasión del dolor que le rodeaba y lo afectó igual.

Los pasajes de referencia que analizamos nos enseñan situaciones similares, donde las personas sienten dolor genuino e incontenible a causa de la compasión por el dolor ajeno; en esta ocasión, eso es lo que está experimentando el Hijo de Dios.

¿Qué me dice este pasaje de Jesús?

Me dice que Él es capaz de entender lo que sufrimos. No lo tolera, no lo ve de lejos, sino que se compadece y hasta lo entiende porque lo siente. Al ver esta verdad sobre el Señor, podemos entender mejor por qué Él dice cosas como: «Bienaventurados los que lloran, porque recibirán consuelo», y entendemos que pasajes como Hebreos 4:15, que afirma que el Señor se compadece de nuestras debilidades, no son vacíos, sino que tienen un precedente en las acciones de Jesús. Tu dolor no pasa desapercibido delante de Dios, aun cuando parezca que tarda tu consuelo; Dios no solo busca redimir tus lágrimas, sino también acompañarte mientras las derramas.

SUENA ESTUPENDO, PERO LA PREGUNTA ES... ¿QUÉ VOY A HACER CON ESTO?

En uno de sus libros, el autor Bob Goff dice:[2]

«ME PARECE QUE LO QUE JESÚS TENÍA EN MENTE ERA QUE FUÉRAMOS PARTICIPANTES, NO SOLO SIMPLES CREYENTES».

Estudiar la Biblia es bueno porque nos ayuda a conocer mejor a Dios. El estudio de la Palabra es como investigar el perfil de Facebook de Dios y enterarnos que al principio a Él no le gustaba mucho el cerdo, pero ya lo santificó y ahora está bien. Es enterarnos de que Su relación con la humanidad estaba catalogada como «complicada», pero después de Jesús, parece que Él y la humanidad tienen algo bastante serio y sólido. Todo eso es bueno saberlo, pero si no vamos a hacer nada con ese conocimiento, solo lo estamos acosando y nada más.

El propósito de la Biblia no es tener más conocimiento para ganar más discusiones... es para ponerlo en acción, vivirlo y transformar quienes somos. Un texto tan sencillo como «Jesús lloró» está ahí, no solo para mostrarnos algo sobre Jesús, sino también para que hagamos algo en nuestra vida con ese ejemplo.

Hagamos las siguientes preguntas:

¿Qué debo hacer con ese texto sobre mi carácter?
¿Qué debo hacer con ese texto sobre mis inseguridades?
¿Qué debo hacer con ese texto sobre mis hábitos?
¿Qué debo hacer con ese texto sobre mi relación con los demás?
¿Qué debo hacer con ese texto sobre mi vocación?
¿Cómo puedo manifestar de forma práctica en mi vida lo que aprendí?

TE VOY A COMPARTIR LO QUE ESTE TEXTO ME INVITA A HACER

Este texto me invita a ser más empático con las situaciones de los demás. Yo soy apático al drama, así que trato de evitar toda muestra de emoción con un chiste, un «Me gusta» en las redes sociales o cambiando el tema.

Ahora estoy tratando de ser más intencional en discernir si lo que alguien está compartiendo es dolor genuino o si simplemente está alimentando su autolástima.

De hecho, mientras escribía este capítulo, me tomé un corto receso fuera de mi escritorio; entonces me encontré a alguien que venía de frente y sentí preguntarle:

«¿Estás bien? ¿Te sientes en paz?».

Lo interesante es que la persona me contestó con algo que no esperaba.

«Fíjate, ahora que lo dices, esta mañana oraba a Dios porque necesito sentir Su paz. Ayúdame a orar por eso».

¿Me puedes creer que perdí la oportunidad de orar por ella en ese mismo momento y vivir la compasión que Jesús demostró por mí? Unos minutos más tarde, Dios trajo incomodidad a mi corazón por no poder hacer algo con lo que aprendí. Me sentí tan ridículo porque, acababa de enseñar una información tan maravillosa sobre Jesús que yo mismo no aproveché para vivirla.

Decidí entonces volver donde esa persona; le pedí disculpas y la acompañé en oración y pedimos paz juntos. Remendé como pude la situación, pero tengo que estar pendiente porque Dios me va a dar nuevas oportunidades.

¿Y tú? ¿Cómo puedes aplicar a tu vida lo que aprendimos sobre Jesús en Juan 11:35?

¿Estás listo para aprender y aplicar más lo que la Biblia tiene para ofrecernos? ¿Estás preparado para romper las barreras que te impiden acercarte a la Palabra utilizando un sistema fácil de seguir y un método visual para ayudarte a recordar y conectar con lo que lees?

¡Excelente! Vamos a practicar todo junto en el próximo capítulo.

CAPÍTULO 10

APLICAR LO APRENDIDO

Escoge el método

QUE MEJOR TE SIRVA PARA ATESORAR LO QUE

Dios te hable por Su Palabra

Escribir este capítulo es muy emocionante para mí; me recuerda cuando fui profesor universitario hace unos años. Yo dictaba una clase de diseño de páginas web y la suposición era que ninguno de los alumnos tenía conocimiento alguno de lo que era una página web, y con ese grupo, asumí correctamente. Al principio, yo estaba un tanto impaciente porque tenía que ir poco a poco por cada concepto individual, cuando lo que yo quería hacer era ver a mis estudiantes diseñar sitios web. Al final del trimestre fue tan emocionante unir cada concepto y ver a los estudiantes diseñar sus propias páginas electrónicas. Sí, es cierto que no todas eran una joya de diseño, pero saber que esas personas ya no tienen que ver el diseño de un sitio web como algo lejano y misterioso, me llena de mucha satisfacción y alegría.

Este capítulo es para mí el equivalente de ese momento al final del trimestre. Vamos a aplicar cada uno de los pasos que hemos discutido y te los voy a mostrar para que puedas verlos en acción hasta crear un devocional finalizado. No siempre tienes que hacer exactamente todos los pasos que vamos a ejecutar ahora, pero quiero que los veas para que los entiendas y los puedas usar e incluso expandir tus conocimientos sobre cada uno de ellos. Yo te enseño todas mis herramientas y tú usas las que más te convengan.

En el próximo capítulo vas a tener la oportunidad de practicar tu propio devocional, con la ayuda de una serie de preguntas guías que te voy a hacer para acompañarte. Ya vas a ver que tu perspectiva de la Biblia va a cambiar y vas a sentir que Dios te muestra algo nuevo de Él cada vez que leas Su Palabra. Te digo más, no te garantizo que este libro te haga un artista, pero sí te puedo decir que mientras más apliques las ideas de comunicación visual que te enseño, se te hará más fácil pensar, analizar y estudiar cosas nuevas. Te lo digo, aprender será mucho más divertido y efectivo.

¿Estás listo?

¡Comencemos!

Para que se te haga fácil el proceso, voy a desglosar aquí los pasos a seguir, para que los tengas todos a simple vista y los visites según necesites en el avance del capítulo.

1. Escogemos un versículo bíblico
2. Oramos para que Dios nos ayude a enfocarnos en la mentalidad correcta

3. Leemos el pasaje
4. Entendemos el trasfondo del libro
5. Revisamos el contexto del versículo
6. Identificamos palabras claves y profundizamos en ellas
7. Interpretamos
8. Reaccionamos visualmente
9. Aplicamos

De nuevo, te estoy llevando por la ruta panorámica para que veas cada una de las cosas que aprendimos en acción, pero tú puedes transformar estos pasos según mejor te funcionen y voy a mostrarte diferentes formas en que puedes reaccionar visualmente para que escojas el método que mejor te sirva para atesorar lo que Dios te hable por Su Palabra.

1. ESCOGEMOS EL TEXTO BÍBLICO

Para el devocional de hoy, busqué en la aplicación de la Biblia en mi teléfono móvil el pasaje sugerido del día. Hoy nos toca leer **Romanos 8:6**. Cuando abrí la aplicación móvil, me presentó una imagen muy linda, lista para Instagram, con el siguiente extracto:

> «Permitir que el Espíritu les controle la mente lleva a la vida y a la paz» (NTV).

Cuando vi esto me dio mucha risa porque para eso mismo es que existe este libro, para que nos cuidemos de compartir textos fuera de contexto que suenan confusos y se prestan para que alguien diga algo que está fuera de lugar. Compartir un versículo así mismo como lo encontramos es injusto para la enseñanza que está presentando Pablo. Si no tenemos cuidado podemos presentar al Espíritu Santo como alguien que nos ve como monigotes que puede controlar o poseer.

La buena noticia es que vamos a aprender una interpretación más saludable de lo que realmente nos quiere enseñar Dios por medio de esta palabra.

Pero primero, vamos a orar.

2. ORAMOS

La primera vez que vi este pasaje, me chocó mucho y no lo entendí porque para mí contradice lo que enseña la Biblia del libre albedrío y no concuerda con lo que afirma el mismo Pablo en Gálatas 6, que cada cual es responsable de sus actos. Vamos a orar para que este proceso nos ayude a escuchar la voz de Dios en este pasaje.

> *Dios amado: te damos gracias porque nos detienes con preguntas e interrogantes para invitarnos a aprender por medio de tu Palabra. Padre, este pasaje, por sí mismo nos causa confusión y presenta una idea que parece contradecir tu Palabra. Por eso, Dios, te pedimos que alinees nuestra mente con la realidad de que tú nos amas y nos presentas la oportunidad de escogerte a ti en cada momento. Sabemos, Señor, que tú nos guías y nos das dirección, pero somos responsables de nuestras decisiones. Danos la sabiduría para indagar e interpretar correctamente tu Palabra y aplicarla a nuestra vida. Estamos agradecidos y dispuestos. Amén.*

3. LEEMOS EL PASAJE COMPLETO

En este caso vamos a leer misma versión que aparece en la aplicación móvil, la NTV:

> «Por lo tanto, permitir que la naturaleza pecaminosa les controle la mente lleva a la muerte. Pero permitir que el Espíritu les controle la mente lleva a la vida y a la paz».

4. ENTENDEMOS DE QUÉ TRATA EL LIBRO DE ROMANOS

De nuevo, hay muchas fuentes para extraer información sobre Romanos. Puedes leer uno de los muchos libros dedicados a esta carta, pero creo que no te será suficiente el tiempo para leer en la media hora antes de irte a trabajar. Yo busqué el trasfondo en las notas de mi Biblia al principio de la carta a los Romanos y estas son las más destacadas que identifiqué:

ROMANOS

ESCRITO POR EL APÓSTOL **PABLO**

SE CREE QUE FUE ESCRITA EN **57 d.C.**

PARA LOS **CRISTIANOS** QUE VIVÍAN EN **ROMA**

ES LA **OBRA MAESTRA** DE PABLO Y RESUME LAS BASES DE NUESTRA **FE**.

PALABRAS CLAVES: GRACIA, LEY, JUSTO, FE, JUSTIFICADO, EVANGELIO

VERSO CLAVE:

No me avergüenzo del **Evangelio** por que es PODER DE DIOS para **salvación** de todo aquel que **cree**: al judío y al griego. Porque en el evangelio la **justicia** de DIOS es por **FE** y para **FE**.

PROBLEMA:

DIVISIÓN ENTRE CRISTIANOS JUDÍOS Y GENTILES.

PABLO DICE:

TODOS SOMOS PECADORES.

NOS SALVA NUESTRA FE EN JESÚS

VIVAN EN AMOR GENUINO

ISRAEL ES PARTE DE ESTE EVANGELIO

DEBEMOS VIVIR SANTIFICADOS

5. REVISAMOS LOS VERSÍCULOS QUE RODEAN EL PASAJE

> «[5] Los que están dominados por la naturaleza pecaminosa piensan en cosas pecaminosas, pero los que son controlados por el Espíritu Santo piensan en las cosas que agradan al Espíritu.
> [6] Por lo tanto, permitir que la naturaleza pecaminosa les controle la mente lleva a la muerte. Pero permitir que el Espíritu les controle la mente lleva a la vida y a la paz.
> [7] Pues la naturaleza pecaminosa es enemiga de Dios siempre. Nunca obedeció las leyes de Dios y jamás lo hará.
> [8] Por eso, los que todavía viven bajo el dominio de la naturaleza pecaminosa nunca pueden agradar a Dios».

Yo te recomiendo que leas el capítulo completo, pero tan solo con leer estos versículos juntos podemos entender mejor la idea que Pablo quiere comunicar a sus lectores. Ya estamos comprendiendo que hay pensamientos e impulsos que vienen de nuestra naturaleza pecaminosa que chocan contra los valores que el Espíritu de Dios que mora en nosotros nos inculca al decidir seguir a Cristo.

6. IDENTIFICAMOS LAS PALABRAS CLAVES Y PROFUNDIZAMOS EN ELLAS

Vamos a hacer esto de dos formas: usando diferentes traducciones y paráfrasis, y usando el diccionario del griego de la época para entender un poco mejor la intención original.

a. Usar distintas traducciones. Las distintas traducciones aplican nuevos avances en tecnología y arqueología, así como adelantos académicos, para darnos interpretaciones que sean más fieles al texto original. Asimismo, contamos con paráfrasis que llevan el texto a una lengua más clara para nuestra cultura y nuestro lenguaje sin perder la pureza del mensaje. Vamos a leer este mismo pasaje en una de mis paráfrasis favoritas, que me recomendó el exdirector de las Sociedades Bíblicas, la versión Traducción del Lenguaje Actual (TLA):

> «5 Los que viven sin controlar sus malos deseos, sólo piensan en hacer lo malo. Pero los que viven obedeciendo al Espíritu Santo sólo piensan en hacer lo que desea el Espíritu.
> 6 Si vivimos pensando en todo lo malo que nuestros cuerpos desean, entonces quedaremos separados de Dios. Pero si pensamos sólo en lo que desea el Espíritu Santo, entonces tendremos vida eterna y paz.
> 7 Los que no controlan sus malos deseos sólo piensan en hacer lo malo. Son enemigos de Dios, porque no quieren ni pueden obedecer la ley de Dios.
> 8 Por eso, los que viven obedeciendo sus malos deseos no pueden agradarlo».

Mira qué interesante es esto: la idea sigue siendo la misma, pero al analizar las palabras claves, podemos recibir un mensaje aún más claro. Ya no se trata de dejarnos controlar como marionetas, sino de ser intencionales en decidir si nos dejamos llevar por los impulsos o si prestamos oído y obedecemos las amonestaciones del Espíritu de Dios. Es la misma idea, pero el lenguaje la enfoca para dejarnos claro que debemos decidir a quién someter nuestros deseos.

Tú puedes investigar todas las versiones que gustes, incluso en otros idiomas. Mientras más recursos apliques, más herramientas tendrás para aclarar el mensaje que estás leyendo. Ahora mismo, con lo que hemos leído, podemos pasar a la parte de interpretar y reaccionar visualmente, pero yo te invito a seguir indagando. Veamos algunas palabras en su traducción original en el griego de la época.

b. Vamos al griego de la época. Analicemos más de cerca algunas palabras claves y veamos qué más podemos encontrar.

En el versículo 6, que es el que estamos estudiando originalmente, hay varias palabras claves que cargan el peso del pasaje: «muerte», «vida» y «paz». Vamos a verlas más de cerca.

Muerte: En la traducción original se usó el griego *thanatos*, que significa «morir», tanto en el sentido literal como figurado. En este caso, la palabra *thanatos* lleva consigo un sentido de destrucción, perdición y miseria. No solamente señala una muerte física, sino también una separación total de la presencia y la benevolencia de Dios, como consecuencia del pecado y la desobediencia.

Vida: Vida es *dzoe*. También se usa para el concepto literal y figurado de la vida y es el opuesto directo de *thanatos*. En este pasaje tiene un significado que va más allá de «existir». Se refiere a vivir una vida bendecida con sentido y satisfacción. También habla de la vida llena de gozo y gloria que nos espera en el reino de Dios. Para mí, nos habla de un estilo de vida en dos escenarios diferentes: en la vida que vivimos hoy que puede ser bendecida con sentido, aunque sea difícil; y al finalizar esta existencia, podemos experimentar una vida llena de gloria sin dolor en el reino de Dios. Ambos escenarios son una promesa hermosa para los que seguimos a Jesús.

Paz: En la traducción original se usa el término *eirene*. Significa la ausencia de guerra, la armonía entre las personas y la tranquilidad emocional. También conlleva un significado de salud, bienestar, buenos deseos, prosperidad y todas las formas de bienestar; éste es el significado usado dentro del contexto de Romanos 8:6, aunque también podemos estar seguros de que hay una promesa de tranquilidad y armonía emocional.

7. INTERPRETAMOS

Excelente, ya que tenemos todos los ingredientes, es hora de interpretar lo que hemos leído e identificar cuál es la lección que el Espíritu de Dios tiene para nosotros.

Si nos dejamos llevar por el pedacito que leímos al principio, nos formaremos una idea incompleta que nos llena de incertidumbre, nos deja a la deriva de un Espíritu que nos controla sin saber discernir entre nuestros impulsos y la voz de Dios. Mi círculo de amistades es bastante analítico, pero cuando me siento en estudios bíblicos es preocupante ver personas que crean teologías incompletas con base en versículos fuera de contexto; se dejan manipular por la religiosidad y no toman en cuenta que seguir a Cristo requiere de nosotros que nos hagamos responsables de nuestros pensamientos y que seamos intencionales con nuestras acciones.

Cuando vamos a Romanos 8:6 con una visión un poco más amplia y profunda vemos que estamos en medio de dos influencias: la de nuestro instinto corrupto por el pecado y la que viene del consejo de Dios. Aunque como seres humanos gozamos de muchas cosas buenas, la realidad es que somos personas con una naturaleza corrupta; en otras palabras, si no somos cuidadosos, podemos terminar llevando nuestras acciones a resultados que no son nobles y pueden destruir todo lo que hemos construido con nuestras virtudes. Si ocupamos nuestro pensamiento y nuestras decisiones en lo que Dios quiere de nosotros y para nosotros, podemos mantener sometida toda corrupción de nuestro corazón porque nos atrevemos a ser transparentes al Espíritu de Dios para que nos ayude a ver cada indicio de maldad e iniquidad (Salmos 139:23-24).

Cuando decidimos dejarnos influenciar por Dios, estamos escuchando un consejo que viene de afuera de nosotros, el cual activa nuestro sentido de sabiduría y confronta los impulsos corruptos para sanarlos y someterlos. Por el contrario, cuando decidimos dejarnos influenciar por nuestros impulsos, salen a flote todas las inseguridades, las amarguras y las historias de dolor que tenemos enterradas en el pozo de nuestro corazón.

Otra lección valiosa que puedo identificar en este pasaje es una que va en contra de las corrientes de pensamiento que se han hecho populares hoy día: *que el poder que necesitamos para triunfar está dentro de nosotros.* Sin embargo, Pablo nos está diciendo que tenemos que hacer a un lado el querernos ver como la fuente de sabiduría que creemos ser y comenzar a colocar al Espíritu de Dios como el centro de nuestra vida y enfocar nuestro pensamiento en Su voluntad.

La Biblia dice que, cuando logramos darle prioridad al consejo de Dios, vamos a encontrar una vida que, aun siendo difícil, está llena de bendiciones, propósito y significado. Por otro lado, vivir satisfaciendo nuestros impulsos y nuestros deseos nos aleja de Dios y del bienestar emocional que viene de él, lo que resulta en destrucción de nuestra vida física, emocional y espiritual.

La vida sigue siendo injusta y difícil, no importa a quién decidamos escuchar, pero la promesa de Dios en este versículo es que Él nos ayuda a encontrar sentido y bienestar en medio de la adversidad actual y luego nos espera una vida de gloria y gozo eterno más allá de esta existencia. A mí me gusta mucho la idea de que Dios quiere ser parte de nuestra experiencia de vida ahora, más allá de ser solamente un pasaje para ir al Cielo cuando muramos.

8. REACCIONAMOS VISUALMENTE (QUÉ VAMOS A DIBUJAR)

Espero que te hayas percatado que en la etapa de la interpretación cité el Salmo 139. Mientras escribía esa sección, fue interesante pensar en cómo Dios nos influencia desde Su perspectiva externa y en que existe un salmo que habla de cómo Dios nos examina. Yo no me acordaba del salmo específico, pero sí recordé que lo había visualizado en mi Biblia porque reaccioné visualmente luego de haber sido impactado por el mismo. Aunque no me acordaba dónde exactamente estaba el salmo, sí sabía cuál era el dibujo que le hice. Reaccionar visualmente me ayudó a cristalizar mi reacción espiritual, emocional y filosófica en una imagen palpable que es más poderosa que mi memoria y me facilita retener y aplicar ese salmo en diferentes escenarios, por ejemplo, al estudiar Romanos 8:6. Una vez alguien me dijo que lo que no se apunta se olvida, esta ha sido una de las lecciones más útiles en mi vida. Yo diría más... Cuando atrapas una idea en papel, la haces tuya y dejas de ser cautivo por ella.

Hay varias formas en que podemos reaccionar visualmente a Romanos 8:6 o a cualquier otro pasaje de la Biblia. Yo quiero mostrarte algunas de las maneras en que yo visualizo pasajes en la Escritura, así que voy a visualizar Romanos 8:6 con todos los métodos que he usado hasta hoy. Claro está, esto no es algo que está escrito en piedra; todo lo contrario, la idea es que veas que no existe una sola forma de visualizar lo que interpretamos; el límite es tu creatividad y lo que mejor te ayude a interpretar, retener y aplicar. Te aseguro que de aquí a unos meses yo desarrollaré nuevos métodos para mis devocionales y mi deseo es que te inspires a hacer lo mismo. Obviamente, el medio de un libro es limitado para experimentar completamente el proceso para realizar cada método, pero haré mi mejor esfuerzo para mostrarte los pasos a seguir. Definitivamente los talleres que ofrezco y el curso en línea, son una experiencia más inmersa cuando acompaños a mis estudiantes por cada paso.

La forma más evidente y fácil para reaccionar visualmente a un pasaje bíblico ya la hicimos sin darnos cuenta. Escríbela en una libreta, tu aparato electrónico o, en mi caso, este libro. Las letras son la forma más básica de reaccionar a lo que leemos en nuestra Biblia. No será la forma más visualmente atractiva de todas, pero es completamente legítima y útil. Eso no significa que no podamos aplicar un poco de síntesis y tipografía básica para que sea más fácil y agradable el regresar a nuestras notas y refrescar o compartir lo que aprendimos.

MÉTODO 1: TIPOGRAFÍA BÁSICA

Yo no soy muy dado a simplemente escribir el versículo que acabo de leer; si lo hago es porque se trata de un Proverbio, pues estos se citan solos, y lo acompaño con una ilustración que interpreta mi reacción al texto. Eso lo vamos a ver más adelante. Cuando aplico un método escrito, me enfoco en escribir mi interpretación. Hay varias razones por las que decido hacerlo así. Primero, porque ya el pasaje está escrito; ¿para qué repetirlo? Segundo, porque nosotros hemos extraído varias fuentes y recursos externos y hay muchas ideas que surgieron de ellos, además de nuestras conclusiones basadas en dichas ideas. Es mejor utilizar ese espacio para escribir nuestra interpretación luego de haber hecho todo ese trabajo.

Si vas a usar una libreta aparte, tienes más espacio para escribir todo lo que quieras, lo cual puede ser bastante útil, particularmente si vas a preparar una enseñanza para una clase, un estudio, un sermón o para compartir en las redes sociales. Si vas a tomar tus notas en tu Biblia, conviene aplicar un poco de síntesis. Como ya yo escribí mi razonamiento aquí, voy a hacer una versión más sintetizada de la idea. Sintetizar nuestras ideas es un buen ejercicio porque nos obliga a ir sobre lo que pensamos para simplificar nuestra interpretación a una forma que sea fácil de verbalizar y aplicar. Cuando logramos sintetizar y expresar una idea a su forma más simple, logramos demostrar que en realidad entendimos y nos apoderamos de dicha idea.

Yo soy impaciente, así que casi siempre voy directo al bolígrafo. Al aplicar lo que aprendimos sobre tamaños, grosores y letras con un poco de contenedores con colores, podemos crear una tipografía sencilla, pero que cautiva nuestra vista para aplicar, retener y compartir. Si quieres repasar cómo hacer letras sencillas y efectivas, ve al capítulo 5, Letras y personas, que trata sobre estos elementos de nuestro lenguaje visual.

MÉTODO 2: SKETCHNOTES O NOTAS VISUALES (LETRAS + ÍCONOS SENCILLOS)

Este método da un paso sobre el método anterior. Aquí aplicamos más de cerca los conceptos de lenguaje visual que vimos en la sección anterior. Este método me ha sido útil para expresar versículos que tienen ideas compuestas, es decir, ideas que mezclan diferentes conceptos, que enumeran varios puntos o pasos, que vienen cargadas de metáforas o que usan muchas comparaciones. En este caso conviene desglosar las ideas y reforzarlas con íconos sencillos.

Sí, sé lo que estás pensando... *Entonces, ¿es este el mejor método para visualizar Romanos 8:6?* No voy a decir que es el mejor, pero de seguro es el más conveniente para explorar las ideas de enfocarnos en nuestros deseos versus enfocarnos en los pensamientos de Dios. El único detalle es que tienes que cuidar bien el espacio que tienes disponible; a menos que uses una libreta.

MÉTODO 3: CARICATURA

Yo creo que este es el método que más uso. Lo uso mucho porque usualmente mi forma de pensar hace que las primeras imágenes que identifique sean en este método. El método de caricaturas se distingue porque, por lo general, escribo el pasaje tal como aparece en la Biblia y, más que un análisis o una interpretación, lo que dibujo es mi reacción más genuina de cómo ese pasaje estimula mi imaginación o mi corazón. Hay versículos en los que protesto un poco lo que leo, otros traen a mi mente una imagen y esa es la que termino plasmando. Pero también hay versículos que Dios me da en los momentos claves en mi vida y simplemente plasmo la escena de cómo este pasaje se encontró con mi corazón.

COMO EL ESPACIO ES BASTANTE LIMITADO, CONVIENE QUE TRACEMOS ALGUNAS LÍNEAS PARA DECIDIR CÓMO VAMOS A DISTRIBUIR LAS IDEAS. LA PRIORIDAD SIEMPRE DEBE SER LA LEGIBILIDAD Y LA FÁCIL NAVEGACIÓN, Y AL FINAL, LA ESTÉTICA.

UNA VEZ QUE TENGAMOS EL ESPACIO, PASAMOS A ESCRIBIR LAS IDEAS. YO SIEMPRE RECOMIENDO ESCRIBIR PEDAZOS SINTETIZADOS DE LA IDEA, EN LUGAR DE ESCRIBIR MUCHOS PÁRRAFOS GIGANTES. MIENTRAS MÁS SENCILLO, MÁS FÁCIL ES DE COMUNICAR Y FUERZAS A TU MENTE A ENTENDER BIEN LA IDEA. UN POCO DE JERARQUÍA CON EL TEXTO PARA PODER SEPARAR LAS IDEAS Y CATEGORIZARLAS.

AHORA APLICAMOS IMÁGENES SENCILLAS PARA SELLAR NUESTRAS IDEAS EN NUESTRA MENTE. ESCRIBIR PUEDE SER UN PROCESO MECÁNICO QUE EL CEREBRO TIENDE A IGNORAR CUANDO SE VUELVE MUY MONÓTONO, PERO CUANDO OBLIGAMOS A NUESTRA MENTE A ENCONTRAR UNA IMAGEN O ÍCONO QUE REFUERCE NUESTRA IDEA, NUESTRO CEREBRO NO TIENE MÁS REMEDIO QUE PRESTAR ATENCIÓN Y ENTENDER, RETENER Y APLICAR LO QUE ESTÁ PROCESANDO.

UN POCO DE SOMBRAS Y COLOR PARA HACER QUE LA LECTURA SEA MÁS LLEVADERA, Y LISTO. TENEMOS NUESTRA INTERPRETACIÓN PLASMADA EN NOTAS VISUALES.

El método de caricatura puede ser más avanzado para las personas que no están acostumbradas a dibujar, pero aun así te animo a explorar este método porque te da el espacio a conectar con la Biblia de una forma más genuina y personal. Y vuelvo y repito, está muy bien hacer muñequitos de palitos, de estrella o el método «Dios Habla Hoy». Yo sigo una caricaturista en Instagram que cuenta con miles de seguidores y todas sus tiras cómicas son muñequitos de palitos. Así que, intenta este método con toda confianza.

En mi opinión, los métodos 1 y 2 son los más compatibles para visualizar Romanos 8:6, pero eso no nos va a detener para aplicar este método y el próximo en la lista. Vamos a aplicar el método de caricatura a Romanos 8:6.

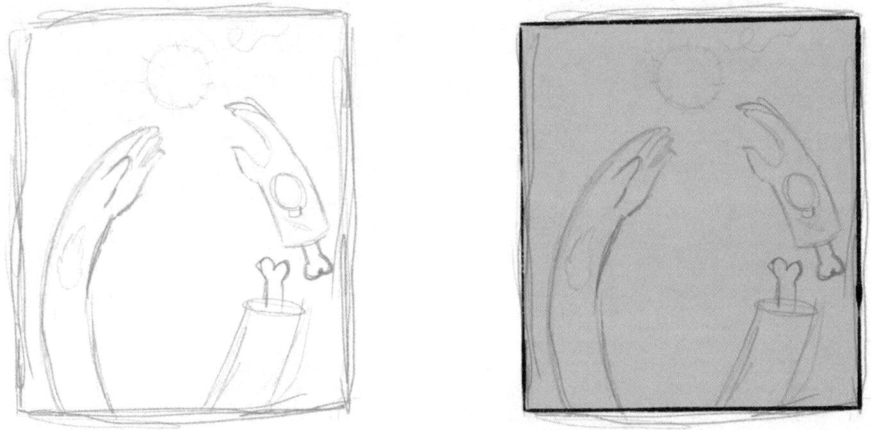

Como hicimos con el método anterior, podemos aprovechar mejor el espacio haciendo algunos trazos sencillos a lápiz para establecer nuestro espacio y la composición. Nuevamente, para este método nuestro abecedario visual es clave para darle forma a las figuras y los personajes. No hay necesidad de ser fotorrealistas.

Vamos a los detalles usando los bolígrafos y los marcadores que vimos en la sección anterior.

Ahora colocamos el versículo. Muchas veces escribo una versión un poco parafraseada del pasaje, otras veces escribo la versión de otra traducción y otras lo escribo tal y como lo dice el pasaje. Es tu devocional, escribe lo que mejor te ayude a conectar.

DEJEMOS QUE EL ESPÍRITU INFLUENCIE NUESTRAS DECISIONES Y ASÍ CORTAMOS EL IMPULSO DE NUESTRA NATURALEZA CORRUPTA.

— ROM 8:6 —

MÉTODO 4: ABSTRACTO O CREATIVO LIBRE

Se puede decir que este método es similar a lo que vemos en el trabajo de muchos ministerios que practican la ilustración bíblica o Bible Journaling, donde hacen trazos libres de pintura, tinta, calcomanías y otros elementos, sin un orden o lógica aparente, pero que incitan a una conversación donde todo comienza a tener sentido. Justamente por eso es que decidí incluir este método, porque la utilidad que más le he visto es la capacidad de incitar conversaciones y el espacio que ofrece para que cada cual pueda traer ideas nuevas a la mesa.

Yo no uso mucho el estilo abstracto debido a que mi entrenamiento para capturar, plasmar y elevar ideas con ilustraciones y texto hace que se me haga más fácil reaccionar con caricaturas o el método de *sketchnotes*; pero cuando lo uso, ha sido una experiencia muy cautivante el poder decir mucho con algunos trazos. Para este método yo no te puedo ofrecer pasos a seguir porque es bastante abstracto y personal. Lo que sí puedo hacer es mostrarte algunos ejemplos.

Mi método abstracto usualmente se resume en hacer trazos al azar y luego comenzar a identificar figuras y rellenar con palabras claves. A veces son muchos trazos aglomerados, otras veces son unos trazos muy sencillos. Uno de mis ejemplos favoritos es esta ilustración que hice para 2 Corintios 1:4.

COMENCÉ HACIENDO LOS TRAZOS CIRCULARES UNIDOS Y DE MOMENTO VI LOS ROSTROS DE LAS PERSONAS HACIENDO UNA CADENA EN MI MENTE. LAS PALABRAS REMATARON LA IDEA DE LA TRANSFORMACIÓN QUE DESCRIBE PABLO EN ESTE VERSÍCULO.

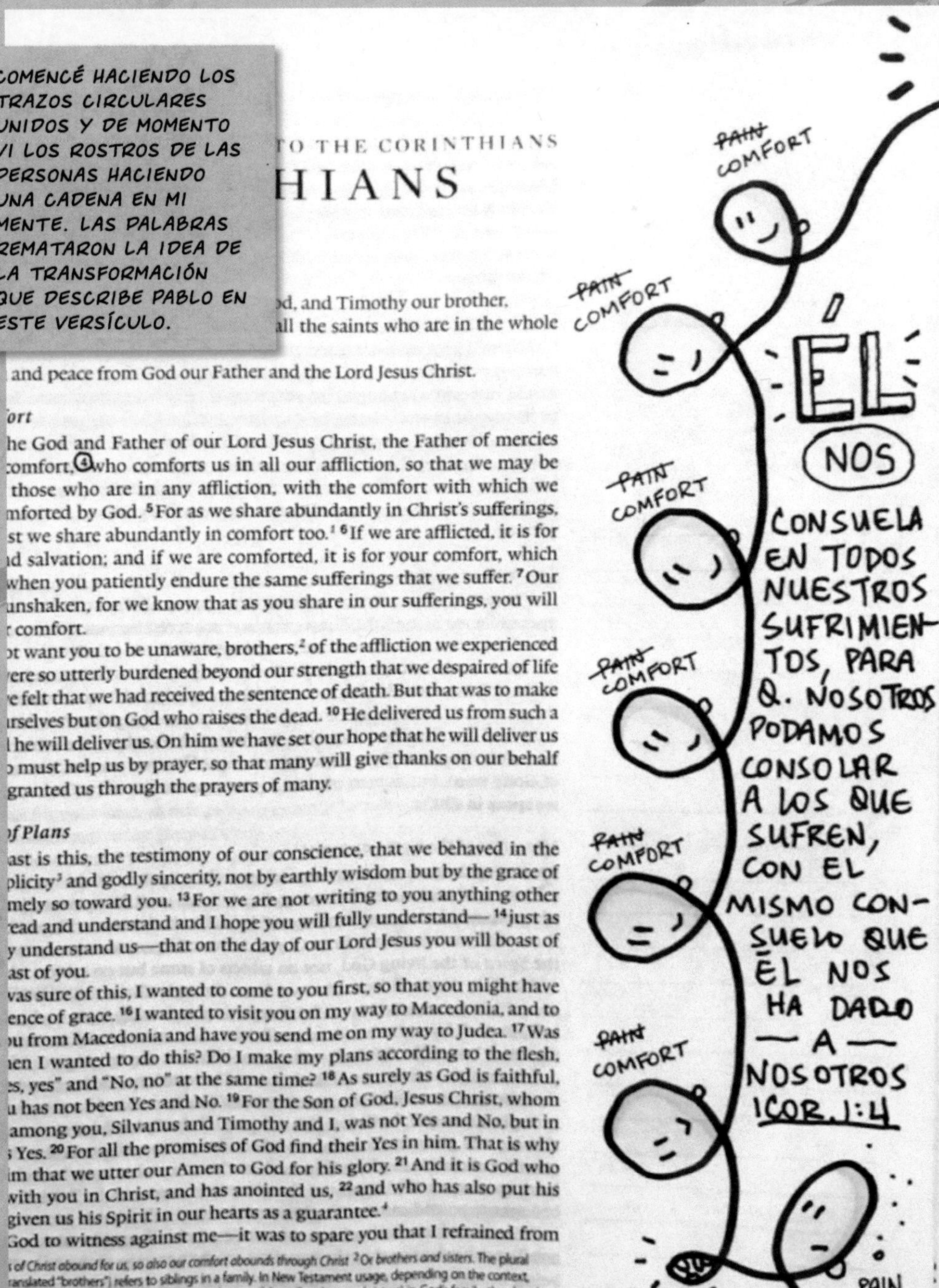

slow to anger and abounding in steadfast love, and relenting from disaster. [3]Therefore
now, O LORD, please take my life from me, for it is better for me to die than to live."
[4]And the LORD said, "Do you do well to be angry?"
[5]Jonah went out of the city and sat to the east of the city and made a booth for
himself there. He sat under it in the shade, till he should see what would become of
the city. [6]Now the LORD God appointed a plant[1] and made it come up over Jonah,
that it might be a shade over his head, to save him from his discomfort.[2] So Jonah was
exceedingly glad because of the plant. [7]But when dawn came up the next day, God
appointed a worm that attacked the plant, so that it withered. [8]When the sun rose,
God appointed a scorching east wind, and the sun beat down on the head of Jonah so
that he was faint. And he asked that he might die and said, "It is better for me to die
than to live." [9]But God said to Jonah, "Do you do well to be angry for the plant?" And
he said, "Yes, I do well to be angry, angry enough to die." [10]And the LORD said, "You
pity the plant, for which you did not labor, nor did you make it grow, which came into
being in a night and perished in a night. [11]And should not I pity Nineveh, that great
city, in which there are more than 120,000 persons who do not know their right hand
from their left, and also much cattle?"

[1] Hebrew *qiqayon*, probably the castor oil plant; also verses 7, 9, 10 [2] Or *his evil*

OTRO DE MIS FAVORITOS ES ESTE GARABATO QUE HICE PARA EL LIBRO DE JONÁS. LO PRIMERO QUE HICE FUE HACER EL GARABATO SIN PENSARLO MUCHO. LUEGO ME DETUVE Y COMENCÉ A VER EL PEZ GIGANTE. DE ALLÍ, CADA ELEMENTO DE LA HISTORIA DE JONÁS COMENZÓ A TOMAR FORMA DENTRO DEL GARABATO.

PARA ROMANOS 8:6, SE ME OCURRIÓ UNA IDEA CON UN ÁNGULO DIFERENTE. ESTABA HACIENDO LA FILA EN MI LIBRERÍA FAVORITA, CUANDO VI UNA PORTADA MUY COLORIDA Y UNOS TRAZOS QUE HACÍAN UNA SILUETA HUMANA. A MÍ NO ME PARECIÓ QUE TENÍA MUCHO SENTIDO PARA LO QUE LA USARON, PERO SÍ PUDE VER UNA APLICACIÓN BASTANTE PODEROSA PARA NUESTRO DEVOCIONAL; ASÍ QUE CONSTRUÍ UNA IDEA NUEVA SOBRE LA CARÁTULA QUE HABÍA VISTO. VAMOS A VERLA Y LUEGO LO DISCUTIMOS UN POCO.

Hay muchos elementos ocurriendo, pero quiero hablar de los colores que rodean a la persona. Estos colores significan la influencia del Espíritu de Dios en un individuo; y de la misma forma en que esos colores añaden alegría, armonía y vida a la pieza, así mismo es el efecto de estar prestos a la influencia del Espíritu de Dios en nuestra vida. El Espíritu de Dios nos influencia desde afuera. Su benevolencia no nace desde dentro de nosotros, sino que, al estar atentos a Su presencia somos rodeados e inundados por completo por ella. Aun así, dentro de nosotros existe nuestra naturaleza corrupta y siempre va a estar presente mientras vivamos en esta tierra; pero al enfocarnos en el Espíritu de Dios, confiamos en que nuestra naturaleza es contenida y sometida a la obediencia de Dios.

Romanos 8:6 no se trata de que el Señor obra en nosotros como por magia. Este versículo, junto con toda la Biblia, nos muestra a un Dios dispuesto a inundarnos con Su amor y Su benevolencia en una vida difícil, pero solo cuando lo escogemos a Él. Esta verdad se repite constantemente en el Nuevo Testamento, fue declarada desde el Antiguo Testamento y sigue manifestándose hoy día.

9. APLICAMOS LA PALABRA

¿Cómo podemos vivir cada día lo que dice este pasaje? ¿Qué hago con esta enseñanza? Ya reaccionamos visualmente. Aunque no lo creas, ha quedado grabada en nuestros corazones y siempre podremos regresar a la Palabra en el momento justo que el Espíritu Santo la traiga a nuestra memoria. Pero de nada vale si no la ejecutamos.

En lo personal, decidí aplicarla haciendo pausa antes de reaccionar espontáneamente. Cuando hago pausa, someto a escudriñar el por qué hago o pienso las cosas.

Otra cosa que hago es buscar consejo. Yo cuento con un grupo de personas a quienes les comparto las cosas que más afligen mi corazón para poder tomar una decisión adecuada. Una de las cualidades más hermosas, pero retadoras, de buscar consejo es que me obliga a hacerme responsable sobre lo que hablé con estas personas. Claro, no todo el que da un consejo está pendiente a si lo sigues o no; pero mi círculo de mentores y pares, cuidadosamente seleccionado, sí tiene la cualidad de hacerme seguimiento y preguntarme cómo me ha ido. Si somos honestos, la idea de buscar un consejo no es natural para mí, al menos, no lo era. Como cualquier otro adulto, tengo mi orgullo y me siento capaz de tomar decisiones. A eso añádele que mi apellido es Marín; estoy casi seguro que nuestro escudo familiar debe tener el lema «Es mejor pedir perdón que pedir permiso» en algún lado. A pesar de todo esto, yo aprendí que, rodearme de las personas correctas es una de las mejores maneras de enfocarme en los pensamientos y los deseos de Dios.

Antes de que me preguntes: ¿Pero tú consultas cada decisión que tomas? Claro que no. No es necesario. A través de la vida, se supone que uno vaya conociendo a Dios y Su carácter y ese conocimiento debe guiar nuestros pasos. Yo he aprendido a conocer a Dios por medio de dos métodos bastante poderosos. Ninguno de ellos incluye seguir ciegamente las ideas religiosas que me enseñaron; todo lo contrario, han derrumbado o han confirmado las ideas que he aprendido dentro de la religión. El primer método para conocer a Dios ha sido Su Palabra, que he aprendido de maestros, autores y por los pasos que hemos discutido en estas páginas. El segundo método ha sido la experiencia que me ha dado sabiduría forjada por los fracasos y las victorias que han entretejido mi historia de vida.

¿Cómo puedes vivir este pasaje en tu vida? ¿Qué cosas puedes hacer hoy mismo para poner en acción lo que dice Romanos 8:6?

Y bien, estos son los pasos que aplico para estudiar la Biblia y tener mis devocionales. Nuevamente repito que yo te compartí una ruta panorámica, pero tú puedes aplicar todos los pasos que creas necesarios dependiendo de la lectura que estás estudiando.

Bueno, ahora te toca a ti usar estos pasos. En el próximo capítulo te voy a guiar a que hagas tu propio estudio. Vamos a usar un pasaje sugerido por mí y luego podrás hacer otro estudio con el pasaje bíblico que tú escojas.

CAPÍTULO 11

¡AHORA ES TU TURNO!

Llegó tu turno para usar los pasos que hemos aprendido en este libro. Mi consejo es que seas paciente contigo mismo y que no tengas miedo de copiar mi progreso y repasar los diferentes capítulos de este libro mientras vas asimilando los pasos que aprendimos.

Cuando te frustres en tu camino, piensa en lo siguiente: a mí me tomó varios años poder concretar estos pasos para poder sentirme confiado de estudiar cualquier pasaje bíblico sin ser un académico o teólogo. Yo leí diferentes materiales dirigidos a estudiantes de seminario y me costó trabajo simplificarlos a mi nivel usando recursos más sencillos y visuales.

Mi deseo es que no tengas que pasar por todo el trabajo y el esfuerzo que yo invertí para poder romper la barrera intelectual que sentía que había entre la Biblia y yo. Mi oración es que con este libro tengas todo lo que necesitas para comenzar a conectar con la Biblia y adquirir nuevas herramientas fuera de este libro. Yo creo que con este manual, tendrás el puente para conocer mejor a Dios por medio de Su Palabra y protegerte de filosofías y oradores que buscan manipularte.

Con el tiempo podrás adaptar mi método de estudio de la Palabra (que en realidad no es diferente al método de otros líderes responsables) a tus necesidades de tiempo y aprendizaje, pero por el momento te invito a que sigas las plantillas que te presento a continuación para que vayas desarrollando una manera sencilla y sistemática de estudiar la Biblia.

En la primera plantilla vamos a estudiar Colosenses 3:16 y te voy a guiar por cada paso del proceso. Las demás plantillas van a estar libres para que las uses para estudiar el pasaje que gustes. Tú puedes usar estas plantillas para estudiar un versículo o también puedes usarlas para estudiar un capítulo. En el caso de que quieras estudiar un libro, puedes usar diferentes plantillas para estudiar un capítulo a la vez o incluso un versículo a la vez, si deseas.

Es importante que tengas claro que estas plantillas son solo una guía para ayudarte a estructurar tu proceso de estudio, pero jamás deben ser contenedores rigurosos a los que la Biblia se debe adaptar. Algunas veces las plantillas serán una buena base para adaptar tu acercamiento a algunos de los libros o pasajes de la Palabra. Un buen ejemplo son los Salmos. Los Salmos son un género literario por sí mismos, pero cada salmo pertenece a una categoría y eso les otorga unas características que vas a ver en algunos salmos y en otros no. Por favor, no dejes que la herramienta se convierta en una limitación.

PASAJE: Colosenses. 3:16

FECHA:

¿QUÉ ENTIENDO AL LEER EL PASAJE?

¿Cual fue tu primera impresión?

¿QUÉ ENTIENDO AL LEER EL CONTEXTO Y EL TRASFONDO?

- ¿A QUIÉN VA DIRIGIDO? ¿Qué caracteriza a los Colosenses? ¿Qué retos tienen?
- ¿POR QUÉ ES IMPORTANTE?
  ¿Qué significa ponerse nuevas vestiduras?
  ¿Qué implica nuestra nueva identidad como seguidores de Cristo?

PALABRAS CLAVES: Escribe aquí las palabras claves y profundiza buscando en otras traducciones, diccionario regular y bíblico

¿QUÉ APRENDO?
Este pasaje pertenece a una exhortación mayor... ¿Qué puedes ver y extraer para tu vida cuando lees todo junto?

REACCIONA VISUALMENTE (Puede ser aquí, tu Biblia o una Libreta.)

- ☐ TIPOGRAFÍA
- ☐ SKETCHNOTE
- ☐ CARICATURA
- ☐ LIBRE
- ☐ ESCRITURA TRADICIONAL

PASAJE:	FECHA:

¿QUÉ ENTIENDO AL LEER EL PASAJE?

¿QUÉ ENTIENDO AL LEER EL CONTEXTO Y EL TRASFONDO?

- ¿A QUIÉN VA DIRIGIDO?
- ¿POR QUÉ ES IMPORTANTE?

PALABRAS CLAVES:	¿QUÉ APRENDO?

REACCIONA VISUALMENTE (Puede ser aquí, tu Biblia o una Libreta.)

- ☐ TIPOGRAFÍA
- ☐ SKETCHNOTE
- ☐ CARICATURA
- ☐ LIBRE
- ☐ ESCRITURA TRADICIONAL

¡AHORA ES TU TURNO!

PASAJE:	FECHA:
¿QUÉ ENTIENDO AL LEER EL PASAJE?	
¿QUÉ ENTIENDO AL LEER EL CONTEXTO Y EL TRASFONDO? • ¿A QUIÉN VA DIRIGIDO? • ¿POR QUÉ ES IMPORTANTE?	
PALABRAS CLAVES:	¿QUÉ APRENDO?
REACCIONA VISUALMENTE (Puede ser aquí, tu Biblia o una Libreta.) ☐ TIPOGRAFÍA ☐ SKETCHNOTE ☐ CARICATURA ☐ LIBRE ☐ ESCRITURA TRADICIONAL	

PASAJE:

FECHA:

¿QUÉ ENTIENDO AL LEER EL PASAJE?

¿QUÉ ENTIENDO AL LEER EL CONTEXTO Y EL TRASFONDO?

- ¿A QUIÉN VA DIRIGIDO?
- ¿POR QUÉ ES IMPORTANTE?

PALABRAS CLAVES:

¿QUÉ APRENDO?

REACCIONA VISUALMENTE (Puede ser aquí, tu Biblia o una Libreta.)

- ☐ TIPOGRAFÍA
- ☐ SKETCHNOTE
- ☐ CARICATURA
- ☐ LIBRE
- ☐ ESCRITURA TRADICIONAL

NOTAS

CAPÍTULO 1 – LOS GARABATOS SON DE DIOS

1. Brown, Sunni, *The Doodle Revolution, 1 Ed.* (Portfolio, 2014).
2. Andrade, Jackie, «What does doodling do?», (2009), https://onlinelibrary.wiley.com/doi/abs/10.1002/acp.1561
3. Murayama, Michiko, The Art of Learning, https://michikomaruyama.ca/
4. Cowan, Lisa, Ubiquitous Sketching for Social Media, (2011), https://www.researchgate.net/publication/221270371_Ubiquitous_sketching_for_social_media
5. «Dado que la mitad del cerebro humano se dedica directa o indirectamente a la visión, la comprensión del proceso de la visión provee claves para entender las operaciones fundamentales en el cerebro», expresó el profesor Mriganka Sur del Departamento de Ciencias Cerebrales y Cognitivas del MIT. MIT Research - Brain Processing of Visual Information, (1996). http://news.mit.edu/1996/visualprocessing

CAPÍTULO 5 — LETRAS Y PERSONAS

1. Rohde, Mike, *The Sketchnote Handbook: the illustrated guide to visual note taking.* (Peachpit Press, 2012).

CAPÍTULO 9 — MÉTODO DE LECTURA INTENCIONAL, PARTE 2

1. Sproul, R. C., *Cómo estudiar e interpretar la Biblia,* segunda edición, 2004. (LOGOI, Inc., Miami, FL, E. U. A.), pág. 12.
2. Goff, Bob, *Love Does.* (Thomas Nelson, 30 abril 2012), pág. 197.